Pe. ZEZINHO, SCJ

Orar sem saber orar
Orações de paz inquieta

EDITORA
SANTUÁRIO

Direção editorial:
Pe. Marcelo C. Araújo, C.Ss.R.

Revisão:
Luana Galvão

Coordenação editorial:
Ana Lúcia de Castro Leite

Diagramação:
Bruno Olivoto

Copidesque:
Leila Cristina Dinis Fernandes

Dados Internacionais de Catalogação na Publicação (CIP)
(Câmara Brasileira do Livro, SP, Brasil)

Zezinho, Pe.
  Orar sem saber orar: orações de paz inquieta / Zezinho, Pe. – Aparecida, SP: Editora Santuário, 2014.

  ISBN 978-85-369-0334-7

  1. Oração – Cristianismo I. Título.

13-13831   CDD-248.32

Índices para catálogo sistemático:

1. Oração: Cristianismo 248.32

4ª impressão

Todos os direitos reservados à **EDITORA SANTUÁRIO** – 2019

Rua Pe. Claro Monteiro, 342 – 12570-000 – Aparecida-SP
Tel.: 12 3104-2000 – Televendas: 0800 - 16 00 04
www.editorasantuario.com.br
vendas@editorasantuario.com.br

Prefácio

Ele tem um jeito de falar e de cantar que mexe com o coração e com a cabeça do povo. Claro, aberto, franco, tranquilo, faz cerca de 40 anos que utiliza o rádio, os discos e CDs, livros, vídeos, estádios, revistas e televisão para levar a Palavra de Deus e a doutrina católica aos fiéis.

Padre Zezinho tem um projeto sobejamente conhecido. Como o diácono Santo Efrém no século III, sem alarde, indo de comunidade em comunidade, ele se propôs ensinar a doutrina católica cantando, escrevendo e falando no rádio. Fez muitas canções de louvor, mas sua vocação é levar o povo a pensar, a refletir, a cantar e a orar de um jeito novo e diferente.

É fácil perceber sua preocupação com a doutrina e a catequese. Quem lê suas mais de 1.600 canções e seus mais de 3.000 artigos, sabe que ele fala simples, mas vai fundo. É claro e incisivo. Chega a incomodar.

É uma de suas virtudes: clareza! O que poucos sabem é que ele fez mais de 1.000 programas de rádio, nos quais ensinava catequese orando. Em um de seus programas, disse por que o fazia: "Jesus também orava ensinando a Lei. Tanto isso é verdade que, quando os discípulos pediram a Jesus que lhes ensinasse um jeito de orar, ensinou os Dez Mandamentos em forma de Pai-nosso. O Pai-nosso é uma catequese que repete os dez mandamentos. É só conferir. As preces de Jesus eram catequéticas. Ao mesmo tempo que ele falava ao Pai, visava ensinar quem o ouvia" (cf. Mt 6,5-15; Jo 17,1-26).

Palavra do autor

Não pense meu leitor que sou modelo de contemplativo. Admito que ainda não sei orar como se deve. Por isso não vou dizer muito sobre este novo livro. Direi apenas que são orações anotadas e gravadas ao longo de meus programas de rádio, ou de minhas meditações, escritas a mão ou no computador.

Em aviões, hotéis, capelas e até à margem da estrada, anotei muitas orações catequéticas, pensando nos que dizem não saber orar. Como acho que eu também não sei, decidi anotar minhas tentativas de conversar com Deus, na esperança de incentivar outros a tentar a mesma experiência.

Dias houve em que orei de caneta em punho, porque não sentia o gosto da oração. Forcei-me a falar com Deus escrevendo, porque assim meditava e lia. Aprendi, desde cedo, que orar não vem apenas do sentir. Vem do amar. Quem ama, mesmo que não sinta vontade, conversa com a pessoa amada. Dá-lhe tempo e atenção.

Meu livro é para os que admitem que oram pouco ou que não sabem orar. Os que já sabem não precisarão destes subsídios. Antes, deveriam escrever os seus, para ajudar os que ainda não aprenderam o suficiente. Não creio que achem aqui qualquer coisa que já não tenham dito a Deus. Mas, já que sabem orar, espero que orem pelos que ainda têm dificuldade de gostar de oração.

Como levei alguns anos para gostar de orar e descobri este dever depois dos vinte anos, e o gosto bem mais tarde, fico feliz pelos jovens que já sabem, aos quinze ou vinte, o quanto orar amadurece o coração. Mas penso nos que ainda acham difícil falar com Deus. Precisam ser incentivados.

Espero que meu livro ajude!

Pe. Zezinho, scj

Orar do jeito certo

*Orar serenamente é sinal de lugar bem ocupado.
Saber o que dizer a Deus já é um bom sinal,
mesmo que não saibamos como dizê-lo.*

Direção e oração certas. Orar não é saber como dizer, mas o que dizer ao Deus em que cremos. Orar do jeito certo, na dose certa e com o conteúdo certo faz bem a quem ora. Eleva-o a um plano acima do qual ele vive. Olhar para o mar, o vale, o céu, a mata faz bem aos olhos. Olhar fixamente para um farol, para o sol ou para o fogo faz mal. Orar é saber olhar com os olhos da alma na direção certa.

Pode-se orar demais. A senhora convertida que decidiu orar seis horas por dia negligenciou seus deveres de mãe, esposa e funcionária. Deus não mandou dinheiro extra, nem pagou as suas contas. Por que deveria, se ela escolheu errado?

Nem Deus aceita quem ora demais. Jesus o afirma em Mt 7,21-23 e deixa entrever que nem todo aquele que ora em tom forte, repetitivo, bonito, em público, nas esquinas, nos estádios, ora certo. Não está garantido que entrará no céu. O povo pode até se emocionar, mas Deus sabe se aquilo foi oração ou exibicionismo.

Há uma prece humilde e sincera! Nela o crente fala com Deus. Há outra prece falsa, teatral, marqueteira e exibicionista. Percebe-se pela postura e pela construção da frase que o crente não está falando com Deus. É teatro religioso. Como péssimo ator de um teatro espiritual, o exibicionista declama um texto ou um improviso, mas não ora. É teatro. Aquilo não é falar com Deus.

Aos brados e aos gritos. O pregador que, diante das câmeras, tomado de entusiasmo, dia após dia, fala com Deus aos brados e aos gritos e age como se Deus fosse surdo ou morasse muito longe; o pregador que, além disso, dá a Deus a hora e o endereço da próxima concentração onde haverá milagres, não está falando com Deus. Seus fiéis não percebem, mas, no caso dessas preces, Deus funciona como trampolim. É retórica do absurdo para levar o incauto fiel a tomar o ônibus certo! A última coisa que Deus precisa é o endereço de um templo ou de um relógio para não perder a hora e o dia dos milagres anunciados. O Deus do pregador que precisa ser informado do endereço e da hora de um rito não é o Deus dos hebreus e dos cristãos.

O nome de Deus

Sua bênção, Deus!

Vou dar um nome ao Senhor.
Como o Senhor quer que o chame?
Todo-poderoso?
Onipotente?
Onipresente?
Onisciente?
Mas isso não seria um nome!
Seria uma qualificação, e o Senhor não pode ser adjetivado! O Senhor é um substantivo tão substancial e substancioso que dispensa qualificativo, porque tudo o que o Senhor é, dispensa melhoria ou qualificações.

Se o Senhor existe, então é perfeito e infinito! Como eu creio que o Senhor existe, então o Senhor não pode ser medido por adjetivos e qualificativos. Não há nada que eu possa acrescentar ao nome Deus. Se for palavra negativa, não caberá junto ao nome do Senhor; e se for positiva, será redundância. É claro que o Senhor é um Deus bom, onisciente e misericordioso! Não seria Deus se não fosse bom ou sábio, ou misericordioso!

Como devo chamá-lo: Deus? Senhor? Mas Senhor é um modo de eu me relacionar. Quem precisa dessa palavra sou eu, que me sinto tão servo e tão pequeno. O Senhor não precisa desse título!

JAVÉ: IAHWEH é uma palavra bonita, mas não é clara na minha língua e para o meu povo. Naquele tempo significava: *Serei quem eu for sendo!* Ainda hoje aponta para o eterno aprendizado que se

precisa viver quando se fala do Senhor. Para mim também o Senhor é quem vai sendo, porque a cada novo dia descubro mais e acrescento mais experiências e conhecimentos sobre o Senhor e sua obra.

E se eu chamasse o Senhor de O GRANDE EXISTENTE? O LOGOS? O ser essencial. O TOTALMENTE OUTRO? Diz muito para um teólogo, mas talvez não diga muito para o meu povo. Ainda assim estaria comparando o Senhor. E o Senhor não é comparável a nada e a ninguém!

Vou encher meu peito de coragem, vou dar asas à minha imaginação e inventar um nome para meu Deus.

Sabe como vou chamar o Senhor? Vou chamar o Senhor de... DEUS... E, se me perguntarem o que quer dizer a palavra Deus, responderei que é um nome sem comparação e sem tradução.

Eu também não sei por que chamo a luz de luz... E não sei por que chamo a água de água. De hoje em diante, o Senhor, para mim, será Deus! E ninguém mais receberá de mim esse nome.

Sua bênção, Deus! O Senhor é o único ser a quem eu chamo por esse nome!

Quem és para mim

O venerando senhor de oitenta e cinco anos me pediu uma explicação clara sobre quem és e por que, algumas vezes durante a missa, eu te chamei de tu, depois de vós e depois de Senhor!

Expliquei-lhe que creio em um Deus que é um só ser, mas são três pessoas, e que eu mesmo me complico quando falo contigo, porque nunca te vi. Expliquei que quando falo Pai, Filho, Jesus Cristo, Espírito Santo, estou falando de um só e mesmo Deus. Ele riu e disse que jamais entenderia isso!

Lembrei-lhe que, sendo cada ser humano um ser que é uma pessoa, fica difícil imaginar um ser que são três pessoas. Perguntou-me se isso era filosoficamente sustentável. Eu disse que não! Mas acrescentei que teologicamente sim! O Senhor é o incomparável, o totalmente outro e, pelo que li nos evangelhos, Jesus falou com absoluta identidade com o Pai, disse que ele era o Filho e que Pai e Filho enviam seu Espírito. De leitura em leitura eu, cristão, convenci-me de que Deus não é uma só pessoa e que a pessoa Filho esteve entre nós. Mas explicar isso, eu não posso.

Brinquei dizendo que 99% dos pregadores da fé cristã têm dificuldade de explicar essa verdade e aquele 1% que diz que sabe explicar, explica errado!

A verdade, Deus, é que creio que existes, mas não sei quem és nem como és. Estás acima de minha imaginação, e se eu teimar em imaginar teu rosto de Pai Eterno ou de Espírito Eterno, ou Filho eterno, imaginarei errado. Nem teu rosto de filho humanado eu sei como era, porque naquele tempo não havia fotografias.

Então, ficamos assim, Deus. Falo contigo sem te ver e sem ter ideia de como és. Olho para qualquer lugar, fecho os olhos e imagino que estou falando contigo, sobre quem eu mais não sei do que sei.

Mas meu coração me diz que existes e me amas... e me puseste aqui neste mundo... e um dia me levarás para o teu céu se eu merecer esta graça... quando eu menos esperar. Ou talvez me ensinarás a morrer direito, como quem sabe que finalmente vai te conhecer com clara visão e sem véu.

Brinquei com o ancião, dizendo que algumas das coisas que direi quando te encontrar serão: "Prazer em conhecer-te, meu criador. Agora, posso saber como é possível ser ao mesmo tempo Pai, Filho e Espírito? Desculpa pelo que disse a teu respeito sem saber! Perdoa-me se te anunciei errado. É que eu não sabia como eras. Mas apontei para ti. Não vivi como querias, mas tentei ser bom e nem sempre consegui. Agora, dize-me como fazer para consertar meus erros e merecer viver em ti para sempre!"

Rimos e ele continuou sem saber como é e eu também. Mas sei que existes e sinto que me amas! Para os outros, eu não sei, mas para mim é o suficiente para motivar a minha vida!

Deixar de falar com Deus

Deixar de falar com Deus é como deixar de beber água da mais pura fonte ao nosso alcance e encomendar outras bebidas que dão maior prazer, mesmo que não façam o mesmo bem.

É como ir ao analista, deitar-se naquele divã, negar-se a abrir a boca, nem sequer olhar para ele e tirar uma soneca ou ler uma revistinha enquanto ele fala.

É como querer chegar a um lugar e, ao invés de conversar com quem planejou a estrada, perguntar a quem não sabe, nem nunca foi lá...

É como ter um elogio para dar ao pai pelo sucesso de sua obra e não dizer nada, porque o pai já sabe o que você diria...

É passar perto de quem deu a mesada, fez tudo pelo filho, tirou-o de muitas situações difíceis e nem sequer lhe dar um abraço ou dizer "obrigado"...

É ter uma lista de favores de um amigo que sempre se importou e nada dizer a ele por não saber o que dizer...

É agir como o carteiro que tem um recado de alguém para entregar ao destinatário e não entrega, porque nem sequer o procura.

Deixar de falar com Deus, deixar de orar pela manhã, de tarde, à noite ou durante o dia, é caminhar à frente, ao lado ou atrás de um amigo, sem lhe dizer uma só palavra e agir como se ele não existisse...

Falemos com Deus sempre que pudermos. Se ainda não aprendemos, falemos de vez em quando. Se não sabemos o que dizer, digamos ao menos um "Oi, Deus! Obrigado. Desculpa. Perdão". É mais que simplesmente acordar, comer, beber, dormir e ignorar quem nos criou e nunca deixou de nos amar.

Se absolutamente não sabemos o que dizer a Deus, então recitemos o Pai-nosso que Jesus ensinou (Mt 6,9). Se ensinou a orar daquele jeito, então é porque aquele é um bonito jeito de orar. É oração de quem:

– o elogia;
– sonha com o seu Reino acontecendo aqui na Terra;
– deseja que o mundo inteiro o ame e lhe obedeça;
– suplica sua ajuda para viver com dignidade;
– pede perdão e promete que perdoará, e
– solicita sua graça libertadora contra o pecado e as tentações desta vida,
– proclamando que tudo é de Deus e que nós também queremos ser dele.

Comecemos com o Pai-nosso. Em pouco tempo, estaremos falando a quem também é Pai dos outros e acharemos mais assunto do que imaginamos. Amigos aprendem a conversar aproximando-se. Cheguemos perto de Deus. Ele já fez a sua parte... Aproximou-se de nós na pessoa dos profetas, de Jesus e de seus santos.

E se não sabemos orar, então oremos sem saber orar. Se temos a capacidade de falar sem saber falar direito, cantar desafinado, dançar sem saber dançar, jogar bola sem saber jogar, dar opinião sobre economia sem saber nada de economia, ser contra ou a favor, sem nem sequer termos lido nada sobre o tema em discussão, então sejamos consequentes. Oremos, mesmo sem saber orar. As crianças nem sempre entendem o que estão dizendo à sua mãe, mas falam com ela e dormem naquele colo. Façamos a mesma coisa!

Admito que não sei orar

Orar é um dom, mas é também
uma escola, onde se aprende e se ensina
o fiel a dialogar com o céu.

*Não sei falar bonito,
quando és tão infinito
e eu tão incapaz de te entender...*
(Canção: *Mistério*, PZ)

Admito, um tanto envergonhado, que não sei orar. Simplesmente não sei falar contigo, Deus! Às vezes, até dá certo: o clima é propício, meu coração está querendo, meu ser inteiro tem vontade de um diálogo contigo. Às vezes, não quero, nem desejo te ouvir; menos ainda falar de mim. Não estou para essas intimidades! Como se eu tivesse esse direito de não me comunicar com quem se comunicou primeiro e de não procurar quem me acha o tempo todo!...

É por isso que te peço a graça de saber fazer uso da minha razão, quando o meu sentimento não coopera, ou do meu sentimento, quando é a razão que não coopera.

Por isso e por muitas razões, o que eu te peço é que, nas minhas preces, eu saiba louvar, pedir, agradecer e interceder por meus irmãos. Quero fazer mais que louvar, o que já não é pouco. Mas preciso aprender uma prece de alteridade. Quero te louvar, orar por mim, mas quero gastar mais tempo falando das necessidades dos meus irmãos, mais do que das minhas. Penso que orar seja isso! Mais pelos outros que por mim mesmo!

Quero a oração abrangente de quem ora por todas as necessidades e por todas as razões deste mundo. Aí então, Senhor, talvez minhas preces de louvor comecem a fazer sentido!
Sua bênção, Deus!

Cantiga de anoitecer

Canção: *Deus nunca falou comigo*

*Seu prazer está na lei de Deus e
nela o justo medita dia e noite* (Sl 1,2).

*Louvarei o Senhor que me orienta,
mesmo de noite, meu coração aprende* (Sl 16,7).

Amanheceu, entardeceu e anoiteceu.
O sol nasceu e parece que se ocultou.
Mas foi a Terra que lhe deu as costas.

As aves cantam tristes.
Não é o mesmo canto feliz e barulhento
das cinco da manhã.
Parecem crianças cansadas,
relutando em ir para a cama.
Passaram o dia procurando a sua sobrevivência.
Eu não vi tudo, nem todas,
mas sei como vivem se defendendo,
fugindo dos predadores e tentando achar sua comida.
A noite sempre as encontra fatigadas.

A natureza inteira, ao sopro do vento e ao calor da tua luz, foi se amoldando, a terra se bronzeou e ofereceu seu dorso ao calor do sol.

Eu, aqui no meu cantinho, fui bronzeado, esfriado e aquecido, orando para entender as voltas do planeta, o ciclo da vida e o passar do tempo e das estações.

Amanheceu e anoiteceu. Foi mais um dia
que me deste.
Cantarei com as aves, um canto de quem descansa,
porque meu corpo também se cansou.

Mas fui feliz. Deste-me mais uma vez
e quatro vezes o alimento para o corpo e para a alma.
Há irmãos meus que não comeram nada
ou, quando muito, apenas uma vez.

Não passei fome e não tive um dia triste.
O dia todo me quisestes vivo!
Achei teu amor, meus amigos, minha paz,
e meus alimentos
levaste para sempre alguns irmãos,
mas eu continuo por aqui!

Grato, pois, por mais esta noite que recebo.
Continuas o dono absoluto da minha vida!
Se me queres vivo amanhã,
concede-me um descansar sereno!

Guardo essas coisas no meu coração

Canção: *Se tu não fazes perguntas*

Como era eu antes de nascer? Como serei depois que eu me for? O que era eu? Um nada? Ou sendo projeto de teu amor, eu já era um dos teus projetos infinitos? O que serei? Que planos tinhas para mim aqui e que planos tens para mim depois? Viverei quanto tempo? Morrerei de doença, de velhice ou de acidente? Se eu não for fiel, será que os teus projetos se realizarão? Será que meu não realmente prejudica o teu sim? Se eu jogasse mal, perderias por minha causa? Preciso ganhar para que tu ganhes ou, perca ou ganhe eu, tu sempre vences?

O que é criar o universo? Continuas criando? E tens um propósito para cada sol que explode e cada planeta que aparece? Há vidas inteligentes em outros lugares? Por lá existe também quem te ama e te desobedece? Lá também existem assassinos? Ou nós os humanos, com nossa bondade ou crueldade, somos uma exceção no meio de centilhões de corpos siderais? Por que nos criaste? Somos o que querias ou estamos muito abaixo do teu projeto? Por que nos desviamos? Que chance temos de, um dia, a humanidade ser feliz e nunca mais ninguém roubar, nem caluniar, nem brincar de saber mais que os outros sobre ti, nem matar, nem possuir ninguém?

São perguntas que me faço

Por que deixas morrer um bebê e permites a um velho que sofra humilhado com seu corpo aos pedaços até os 102 anos, quando ele pede a morte? Por que chamas o jovem sadio e cheio de planos e deixas vivo seu irmão doente que pede a chance de ir embora daqui? Por que o assassino e traficante vive e até nada em riquezas e sua vítima está morta e seus pais chorando todos os dias? Não vais matar esse sujeito? Qual a tua mente, Deus, se ela não tem nada de parecido com a nossa? Qual o teu conceito de justiça e misericórdia que nunca entendemos, por mais que os pregadores tentem explicar?

Viu só, Deus Uno e Trino, como eu tenho milhões de perguntas? Vou saber as respostas algum dia? Guardo essas coisas no meu coração!

Não! Eu não sei o porquê das coisas. Devem ter sua razão de ser. Eu apenas oro, espero e tento conviver com elas e com o que não sei sobre elas. Teu amor me diz que, mesmo assim, eu ainda posso ser feliz. E eu sou. Amém!

Ensinaste-lhes a orar a lei

(Ex 20,3-17; Mt 6,9-15)

Mestre, ensina-nos a orar como tu oras! (Lc 11,1)
Quando orarem, usem palavras como estas (Mt 6,9).

A oração já existia com o nome de Haggadish. Os discípulos, admirados com teu jeito de orar, pediram uma fórmula. Puseste os teus acréscimos e sugeriste a prece, que de certa forma repete o Decálogo. Judeu que eras, tu, Jesus, apontaste para uma longa tradição.

A lei dizia	1. Deus acima de tudo	e tu ensinaste	Pai nosso que estás no céu,
A lei dizia	2. Seu nome é sagrado	e tu ensinaste	santificado seja o vosso nome,
A lei dizia	3. Reservem um tempo para ele.	e tu ensinaste	venha a nós o vosso reino,
A lei dizia	4. Honrem seus pais	e tu ensinaste	seja feita vossa vontade na Terra,
A lei dizia	5. Não matem	e tu ensinaste	como ela é feita lá no céu,
A lei dizia	6. Guardem-se para o amor fiel e puro	e tu ensinaste	ou como se aqui já fosse céu,
A lei dizia	7. Não se apossem do que é do outro.	e tu ensinaste	Dá-nos o nosso pão de cada dia.
A lei dizia	8. Não machuquem a honra e o nome dos outros	e tu ensinaste	Perdoai-nos e perdoaremos.
A lei dizia	9 e 10. Não cobicem nem pessoas nem os bens de um outro.	e tu ensinaste	Não nos deixeis cair em tentação, mas livrai-nos do mal!

Como os discípulos, tornamos a pedir: Ensina-nos a orar! (Lc 11,1).
Ainda não aprendemos o bastante! Jamais saberemos o suficiente!

Tua prece foi completa

*Tenho muito a falar sobre isso, mas fica meio difícil explicar,
porque a cabeça de vocês é meio vagarosa!
Vocês precisam que alguém lhes ensine o básico da fé, porque
ainda continuam na fase do aleitamento
e não do alimento sólido (Hb 5,11).*

Estive pensando na prece que ensinaste aos teus discípulos! Foi básica, Jesus!

Afirmaste a existência do Pai. Propuseste o louvor ao seu nome. Propuseste submissão à sua vontade na terra e no céu.

Pediste a justiça do pão de cada dia. Propuseste a decência do perdão. E não apenas o que vem do céu. Também o que nasce de nós. Propuseste a busca da pureza e a superação de todo egoísmo se quisermos uma terra sem males.

Uniste o louvor, o desejo de justiça e paz, a penitência e a fraternidade universal numa só prece. Estavam lá, resumidos, os 10 mandamentos do Santo Livro, mas agora em forma de oração.

Desde então, toda vez que recito o Pai-nosso tenho repensado o decálogo dos hebreus e dos cristãos! Mais que conhecê-la, ensina-me a vivê-la!

Molda-me

*Nele temos a redenção e o perdão
de nossos pecados (Cl 1,14).*

*Se não acreditarem que sou quem digo que sou,
acabarão morrendo nos seus pecados (Jo 8,24).*

*Sobre ele, todos os profetas testemunharam
que todo aquele que nele crê, recebe em seu nome
o perdão dos pecados (At 10,43).*

Sua bênção, Deus.

Todas as manhãs, meu primeiro ato de comunicação seja contigo.

Todas as manhãs, minhas primeiras palavras sejam de agradecimento.

A seguir, pedirei a graça de continuar me convertendo.

Que a ninguém eu fira, a ninguém eu cause sofrimento.

A ninguém eu menospreze, a ninguém eu diminua.

Se ofendido, perdoarei, e se ofensor, pedirei perdão.

Pedirei desculpas pelos erros passados, pelos do presente e pelos possíveis erros de amanhã. Já errei e sei que posso errar de novo.

Sei da tua glória e das tuas graças e sei também dos meus inúmeros limites, Pai. Sei o quanto já pequei, o quanto já feri e o quanto já magoei. Mas sei também o quanto quero ser dono de mim mesmo.

Como infelizmente ainda não cheguei à pureza que de mim esperas, minha prece é de súplica por conversão. Estou longe de ser quem devo ser.

Vivo muito aquém do grande amém!

Por isso, molda-me como se faz com o barro que pretende ser escultura!

Brigar contigo

Ninguém briga com o nada. Quem discute e briga contigo, é porque acredita que existes.

Jacó ganhou o nome de *Ish-ra-el*, porque brigou com o teu anjo.

Moisés discutia e barganhava contigo.

Jó, o personagem que não sabia por que o ser humano sofre, discutiu, chorou e reclamou o tempo todo contigo.

Mas o autor daquele livro disse que o personagem Jó te amava.

Falava do ser humano perplexo diante do sofrimento.

Jeremias discutiu contigo e não quis ir. Mas foi.

Maria quis saber como! Pedro discutia contigo em quem via o Filho, mas não sabia explicar o que sentia.

Tudo isso está no livro que me inspira.

Na Bíblia, pessoas reais e personagens fictícios falam contigo, curvam-se diante de ti, discutem e brigam contigo.

Há certo grau de intimidade contigo, que só tem quem acredita em um Deus vivo e diferente. Orar pode significar submissão, louvor, confiança, súplica, lágrimas de dor. Orar também é pôr para fora, falar, gemer, reclamar, abrir o coração.

Por isso, da próxima vez que eu tiver vontade de brigar contigo, ensina-me a brigar direito, Pai. Aquelas enchentes e os mais de mil mortos estão me desafiando. Querias ou não querias? Sabias ou não sabias? Podias ou não podias? Permitiste ou não? Tinhas ou não tinhas como evitar a onda tsunami de 2004 que matou 250 mil pessoas? E o terremoto no Haiti? E o terremoto no Chile? Os ateus estão me perguntando e eu não

sei o que dizer. Não posso dizer que foi da tua vontade! Então eu digo que creio em ti, mas não entendo!

Os pais da terra, quando o filho pequeno, machucado e ferido, grita e briga, continuam severos, mas depois oferecem colo para o menino brigão, que um minuto antes dissera coisas terríveis e tentara até bater na mãe.

Fazes o mesmo. E o fazes melhor! Perdoas os que brigam contigo, porque a dor doeu demais neles, Pai. Depois deixas que enfiem a cabeça no teu colo.

Nem sempre entendemos o que houve, mas assim mesmo vale a pena. Depois, a vida continua e nós sem sabermos as respostas que estão aqui e depois. Mas nenhuma delas responde plenamente o mistério do nascer e do morrer.

Ensina-nos a espernear à vontade, mas dá-nos a graça de terminar nossa birra no teu colo de pai. Afinal, diante da vida não passamos disso: crianças assustadas!...

Por favor, acende a minha luz

Sinto-me luz pequena, mas luz, Senhor da luz!

Esta é a minha teologia:
Somos todos chamados a buscar luz,
chamados a iluminar,
chamados a passar ao mundo a luz que tu nos dás.

Para que serve uma vela apagada?
Torna-se apenas um monte de cera.
Mas quando se deixa acender,
porque se deixa queimar por dentro,
ela se transforma em emissora de luz.

Velas bruxuleiam, hesitam, apagam.
Então outra vela, outro fogo as acende.
E elas vão se apagando e acendendo até o fim.

Somos todos velas, no imenso candelabro da vida.
Ensina-me a curvar-me
para ganhar a luz que me falta
ou para dar a luz que falta ao meu irmão.

Velas solitárias
iluminam muito pouco.
Juntas, iluminam muito mais.
Que eu brilhe junto!
Será um brilho mais intenso e mais humilde!

Não julgar para não ser julgado (Mt 7,1-2)

Deus de todos os crentes: Pai, Filho, Espírito eterno!

Temos o direito de discordar, de não aprovar
e de até mesmo combater uma ideia.
Temos o direito de ir contra, votar contra,
debater e propor nosso jeito.

Temos o direito de não aceitar a ideia do outro,
a política do outro, a religião do outro,
o comportamento do outro.
Mas não temos o direito de julgar o outro.

Uma coisa é discordar e outra coisa é julgar e condenar. Posso dizer a um senhor que não aceito que ele passe droga, nem que ensine aquelas ideias, ou que produza aqueles filmes. Mas não posso dizer a ele que está condenado e que vai para o inferno.

Julgar é contigo e não conosco! Punir e condenar é com a tua justiça ou com a dos homens, e não conosco!

Por isso, ensina-me a tomar cuidado com o que digo, prego e falo. Quem ameaça com o inferno em nome de Jesus, pode cair lá por ter usado o nome santo de Jesus para promover sua "religiãozinha" barata e atrevida que vive de impor medo, julgar e condenar quem não crê do jeito dele.

Tu, Jesus Cristo, filho eterno aqui encarnado, proibiste aos discípulos de julgar e condenar. E não aceitaste que punissem uma cidade impenitente, nem que apedrejassem aquela mulher surpreendida em adultério. E a Bíblia diz muitas vezes que a vingança pertence a Deus, se vingança houver.

Há muita gente brincando de juiz. Julgam, condenam, e o réu, pobre dele, nem está presente para se defender. Falam mal pelas costas e inventam fatos para provar que o outro, a outra turma, o outro grupo não prestam.

Que ao menos as pessoas sensatas que há nas Igrejas prestem ao mundo este serviço. Proíbam que se julgue ou condene a quem quer que seja. Quem o faz, está pedindo para ser julgado com a mesma medida com que julga os outros.

Discordar, sim. Julgar e condenar, nunca. Afinal, se até tu, Jesus, que tinhas poder, foste moderado, com que direito alguém condena alguém? Uma coisa é dizer que certas atitudes levam ao inferno. Outra é dizer: Você, fulano de tal, vai para lá!

Que eu aprenda a falar contra o pecado e a poupar o pecador. Não sou juiz!

Nem únicos nem perfeitos

Deus meu, Trindade santa!
Corrige-me se estou errado na minha fé.

Acredito em um criador: o Senhor que fez o universo, cada astro, cada planeta, cada asteroide, cada estrela, cada sol, cada cometa, cada pedra, todos os corpos siderais. Este ser é o Senhor.

Acredito que criaste os anjos, mas tenho meu jeito de crer neles. Não acredito em tudo o que se diz sobre os anjos nesses livros que enchem nossas livrarias.

Anjo que só atende pelo salmo 101 ou 99, anjo que só atende das 11 às 11h20; anjo que só cuida do Brasil, anjo de plantão para Israel, de plantão para os geminianos... Nesse tipo de anjo eu não acredito.

Mas acho que tens mensageiros que já existiam antes do ser humano e existem agora, mas não são humanos.

Acredito no ser humano e acho que viemos de tuas mãos como a casa vem da cabeça e das mãos de quem a pensou e construiu, mas não é humana como o humano que a fez. Não somos deuses só porque viemos de ti. Nunca seremos deuses, nem pedaço de Deus. Só existe um Deus que és tu, e tu não te divides em pedacinhos humanos. Por isso jamais direi que Deus é tudo e que tudo é Deus. Posso dizer que tudo vem ou é de Deus, mas não que tudo é Deus.

Não acho que somos os únicos seres vivos e inteligentes do universo. Pelo contrário! Acho que, como criação tua, estamos bem pouco amadurecidos.

O homem é um animal inteligente que esquece depressa os seus erros, aprende depressa novos erros e nunca esquece os erros dos outros.

Não tenho o orgulho tolo de pensar que fizeste trilhões de corpos siderais e só neste minúsculo planetinha criaste filhos. Tens mais poder do que isso.

Num mapa do universo do tamanho de um campo de futebol, a Terra ainda seria um corpo pequeno demais para entrar no desenho.

Governas o universo

Creio que criaste e crias.

Eu acho que encheste o universo de seres capazes de conhecer-te e aceitar a tua comunicação e o teu chamado. Se tu, Filho eterno, foste para outros planetas salvar outros seres transviados, eu não sei, mas sei que se precisassem irias.

O que eu sei é que aqui, neste planetinha, milhares de homens e mulheres se disseram e se dizem enviados por ti; gostam de falar em teu nome; citam os livros de suas religiões e os explicam a seu modo, garantindo que aquela explicação é a única possível e verdadeira, porque tu estás com eles e não estás com os outros; e eles e seus fiéis ouvintes estão mais contigo do que os outros. Existe vaidade nisso, Deus. Alguns chegam a gritar nas praças, de megafone em punho, que eles são filhos e os outros são criaturas. Sentem-se mais que os outros e acham que sabem mais sobre ti do que os outros.

Sentem-se também mais santos que os outros. Querem que todo o mundo viva como eles, porque eles acham que vivem como tu queres. E citam os trechos de seus livros a seu favor. Os livros dos outros, eles proíbem, porque são maus. Se não falam bem deles, não são bons.

Nesse tipo de mundo de milhões de religiões, cada qual querendo ser a melhor e a mais verdadeira, há algumas pessoas religiosas que acreditam em determinada religião, mas sabem viver com as demais.

São os únicos com alguma chance de encontrar a verdade a teu respeito. Os outros continuarão a viver de sua mentira, que os proclama os únicos escolhidos, os mais verdadeiros, os mais fiéis e os melhores...

Liberta-me disso, Deus Uno e Trino! Faz de mim um crente humilde que busca a verdade e não se proclama melhor que os outros, nem mais crente que os outros crentes. Que eu os respeite e me faça respeitar, porque tu, Filho, neste mundo enfrentaste os fanáticos e dialogaste com os serenos. Amém.

Relações e reações

Sincero, puro de sentimento, verdadeiro e caridoso!
Eis o meu projeto, Senhor.
Incapaz de gentileza para com todos, eis o meu limite!
Ainda há pessoas que não amo e a quem não consegui perdoar.
Ainda há pessoas de quem eu preferiria ficar distante.
Elas, de mim.
Por meu próprio esforço, jamais conseguirei assimilar todos os meus próximos. Quero distância de muitos deles!

Há eu demais em mim, Senhor! Há "nós" de menos no meu jeito de ser. Reajo, às vezes, de maneira tola, quando me vejo passado para trás ou quando acho que alguém me diminui.

Ensina-me a viver os "nós" de meu povo e dos outros e a submeter meu pequeno e excessivo "eu" à realidade da vida. Não passo de um pequeno "eu" entre os mais de sete bilhões de "outros" neste mundo. Não posso querer que o mundo inteiro se adapte ao meu pequeno eu.

Um entre bilhões, se eu não entender esta realidade, continuarei ridiculamente achando que, para eu ser feliz, o mundo terá que mudar, e toda vez que as coisas não correrem como eu quero, fujo dos outros para me realizar.

Não haverá planeta que me satisfaça, se eu não aprender a viver neste do jeito que ele é. Se não há luz ao meu redor, precisarei aprender a tatear até achar as minhas velas e descobrir um jeito de acendê-las. Ir embora para onde há holofotes apontando na minha direção será mais fácil, mas pode não ser a melhor receita de felicidade!

Ensina-me a perdoar!

Criança distraída

ou criança distraída, Senhor!
Quero amar, brincar e ser feliz,
mas se não me converteres para ti, não saberei o caminho!

Vira meu rosto para ti, como fazem os pais com a criança distraída.
Chama a minha atenção!
Quero aprender a olhar na direção correta, contemplar as tuas obras e nelas ver o teu toque.

Mas para isso, outra vez, converte-me!
Vira meu rosto na direção do teu!
Minha mudança de vida está muito lenta!
Não quero chegar ao fim dos meus dias
sem ter chegado pelo menos à metade do caminho da paz!

Converte-me, Senhor!

Finitude

Todos os dias, Senhor, dás a mim um pouco do teu infinito. Todos os dias, eu que mal consigo segurar minhas finitudes,
peço que aumentes minhas capacidades.

Não é que eu queira mais. Quero saber o que fazer com o que já tenho.
Sou como formiga dentro da montanha.
Não sei das minhas dimensões e não tenho ideia do tamanho da montanha onde vivo.

Pequeno demais, finito demais, aqui vou eu na direção do infinito que tu és.

Talvez um dia eu saiba quem és e como és.
Agora, não sei! Apenas creio!

Se eu te visse alguma vez

Êx 33,20-23

> Você não poderá ver meu rosto,
> porque ninguém pode me ver e continuar vivo.
> Protegerei seus olhos e, assim que eu passar, poderá me ver
> de costas. Mas minha face ninguém pode ver (Êx 33,20-23).

> Ninguém jamais viu Deus, exceto o único que está ao lado
> do Pai pode dá-lo a conhecer (Jo 1,18).

alo contigo, Pai!
Não sei quem és, nem tenho noção de como és.
Mas sei que existes!

É muito difícil ter uma ideia de ti.
Vai sempre faltar o essencial.
Não consigo nem sequer imaginar-te!
Sei quem não és, mas não sei quem és, exceto que és Deus, és Pai e que amas ao infinito. Mas não consigo dar-te nem forma, nem rosto. Não és humano e não te pareces com nada que conheço.

Sei que conhecendo Jesus, posso ter uma ideia de ti, porque ele veio mostrar como ages. Mas ele tinha um rosto e um corpo humano que tu não tens. Então, como te imaginar? Com o que te pareces? És luz? És energia? Se eu quisesse te descrever, do que falaria? Onde estás? O que é o céu? Se não é onde, é como? De que jeito? O que se faz lá no teu céu?

Abstração não é o meu forte! Sei que não tens um rosto, nem falas como nós, nem tens corpo, nem te pareces com nada que existe. Não obstante, sei que existes.

Não vejo o ar que respiro, mas se não o respirar, eu morro. Não vejo o vento, mas pela dança dos trigais e pelo balanço dos arvoredos eu sei que ele sopra. Não vejo as ondas do rádio, mas assim mesmo eu as sintonizo. Há muita coisa que não vejo, mas que eu sei que existe, porque vejo as suas consequências!

Neste mundo sei que jamais saberei como és. No céu saberei mais, mas permanecerás mistério. Não sendo Deus, não saberei nunca tudo a teu respeito, porque, depois de morrer, não serei onisciente.

A graça de me aproximar um pouco mais da verdade que és já me faria crescer mais do que cresci.

Do jeito de Moisés

Perdoa-me, Deus, se ajo ao modo de Moisés e, às vezes, querendo resolver de vez a minha curiosidade, eu te peço para um dia ver a tua face.

Nem sei se adiantaria, porque Salomão disse que te viu duas vezes e mesmo assim morreu adorando Quemós e Astarote! Curvou-se aos falsos deuses (1Rs 3,5; 11,4).

Jamais te pediria que me aparecesses. Seria pretensão demais. Além do mais, eu provavelmente me assustaria. Terias que me tranquilizar. Eu só quero ter um pouco mais de certeza e saber que não te imagino errado.

Quando te imaginar, quero saber do que estou falando. Não quero confundir-te com algum deus com "d" minúsculo.

Tira de minha mente qualquer imagem falsa e qualquer idolatria. Ensina-me a ver o teu dedo criador agindo ao meu redor.

Que eu perceba os teus sinais!

Que eu saiba te ler nas entrelinhas dos acontecimentos!

Grato pelo teu Santo Livro

Santo Livro que me ensina a caminhar!
Santo Livro que me ensina a interrogar!

Até que eu venha, dedique-se à leitura em público das escrituras, a pregar e ensinar (1Tm 4,13).

As escrituras são inspiradas por Deus e úteis para ensinar, admoestar. Corrigir e educar para a justiça (2Tm 3,16).

Louvo-te e agradeço-te o Santo Livro, Jesus.
Uma parte fala de ti e a outra, creio eu, aponta na tua direção.
Outros crentes não pensam do mesmo jeito, mas eu penso!

Creio que profetas e santos o escreveram do jeito deles.
Mas a essência veio do céu.
Não são as palavras isoladas, nem esta ou aquela frase, e sim o conteúdo dele que me convence.

Vejo teu livro como se vê um belo e imponente prédio.
Pode ter algum tijolo ou linha fora de lugar, coisa do pedreiro, mas é uma arquitetura forte e impressionante.
Não vou ignorar o monumento, porque nele há rabiscos.

Se alguém mandou matar em teu nome, eu sei que não querias isso.
Foi ele que entendeu mal.
Permanece o essencial: "Queres a vida e o perdão".

Grato pelas lições profundas que teu livro já me ensinou.
Louvo aquele a quem chamas de Pai,
pelos profetas que ele nos mandou e por tudo que os profetas ensinaram.

Louvo-te, Senhor Jesus, filho eterno por tuas mensagens.
Não as entendo na sua plenitude,
nem por isso deixarei de meditá-las!

Desde pequeno

Foi bom, Senhor!
Foi bom ter aprendido, desde criança, a dar valor à Palavra Santa e tentado buscar nela as minhas inspirações.

Mas tenho perdão a pedir pelas muitas vezes em que desprezei tua Palavra em busca da palavra do mundo. E não foram poucas essas vezes!

Quero ter o equilíbrio de saber valorizar o que há de bom na palavra do mundo, sem desprezá-la, como se nenhuma palavra do mundo prestasse. É claro que presta!

Dá-me cultura e conhecimento das palavras dos homens e das palavras dos povos, porque elas contêm sabedoria.

Concede-me, com esta graça, serenidade para saber que é possível iluminar a cultura e a palavra humana com a cultura e a Palavra do Céu.

Teu Santo Livro me inspire!
Conteúdo ele tem!

Tu, Santo Espírito

Quando Pedro e João chegaram à Samaria, oraram por eles para que recebessem o Espírito Santo. Eles tinham sido batizados apenas no nome de Jesus (At 8,15-17).

A gente nem sequer sabia que o Espírito Santo existe! (Efésios a Paulo: At 19,2).

Falo contigo, Santo Espírito, que és trindade com o Pai e o Filho!

Como os cristãos de Éfeso, não sei muito sobre ti... (At 19,2).

Apesar de todos os livros que já li, confesso que sei pouco sobre tua ação na criação e no mundo.

Mentiria, se dissesse que sei! Ouço muitos pregadores a proclamar que foram inspirados por ti, mas vejo que também eles não sabem ou não estão muito seguros do que falam.

Pela maneira como falam, confundem facilmente as coisas. Acabo de ouvir um deles dizer que tu, Espírito Santo, és o mais eficaz instrumento do Filho e do Pai. Reduziu-te à condição de instrumento e canal. Ora, o instrumento é sempre inferior a quem o manipula. Não és pessoa inferior, nem és manipulável, ainda que por questão pedagógica te chamemos de Terceira Pessoa. Na Trindade não há primeiro, segundo e terceiro. Nós que, limitados, precisamos desses numerais. No conceito de um Deus não há pódio, nem lugar especial de uma e de outra pessoa.

Divindade Una e Trina

Falo contido como Espírito Santo, sabendo que é o único Deus.

Fala-se em Divino Pai Eterno, Divino Espírito Santo, mas raramente se fala em Divino Filho. Eis os nossos limites. Criamos vocábulos que depois não sabemos aplicar.

A Igreja me diz que há uma trindade na divindade, mas de tal maneira ela é e age, e se trata de um só Deus. Como vou entender isso com a cabeça que tenho? Que ser humano é capaz de entender um mistério desse teor? Um só Deus, mas esse Deus é três pessoas iguais, porém distintas? Muita gente vai embora por achar isso impossível, como muita gente foi embora do Filho, o Cristo entre nós, por achar certas verdades inaceitáveis (Jo 6,66-67).

O Filho não mudou uma sílaba do que disse. Que fossem embora, mas não mudaria uma doutrina só para ter milhões de adeptos (Mt 5,17-18).

Enquanto isso, mesmo não entendendo, é a ti que eu busco! Ensina-me a chegar mais perto de ti.

Não és o Espírito Santo

Falo a ti, Filho eterno!

De ti que és o Filho, o que sei é que não és o Espírito Santo, porque falas dele como alguém distinto de ti. Disseste que o enviarias de Ti e do teu Pai (Jo 15,26). Deste a entender que eras um só Deus com o Pai. Assim o disseram os teus primeiros escritores. Se estavam enganados, enganaram também a mim. Não entendo o mistério, mas aceito. Há muita coisa que não entendo, mas também aceito.

Se eu soubesse o que é falar do Espírito Santo, eu talvez fosse mais completo. Mas não sei. O que eu sei é que tu disseste que, além do Pai, existes tu e que, além de ti, existe um Espírito Santo que não és tu, mas que vem do Pai e que vem de ti. Tu o mandarias do Pai e de ti, quando estivesses de volta ao seio da Trindade na outra dimensão que eu não conheço. De lá vieste e para lá voltaste! (Jo 7,39).

O que eu sei é que mandaste o teu Santo Espírito, simbolicamente mostrado como sopro santo, que iluminou os apóstolos e pôs palavras na boca deles e coragem no coração. Mas é claro que teu Espírito era mais que línguas de fogo e vento. Aquilo eram sinais! Não é muito fácil falar do teu Santo Espírito, mas também não dá para viver sem ele (At 1,2-8).

O que sei é que eu não vejo o vento, mas eu sei que o vento existe. Não vejo as ondas de rádio, mas posso captá-las, se estiver sintonizado. O que sei é que, cada dia mais, eu aprendo com o teu Santo Espírito. Mas nunca vou conhecê-lo direito aqui na Terra.

Minha cabeça é pequena demais para tanto mistério.

Enquanto isso, eu creio e espero!

Descobrir teu Espírito Santo

Cristo Jesus, filho eterno!
Já foi uma grande libertação descobrir, aos vinte anos, que o teu Espírito Santo não é uma pomba sagrada e que tu Jesus não eras o Espírito Santo.

Foi só uma vez que apareceu aquele sinal. Depois o Espírito mostrou sua presença com línguas de fogo, vento, línguas diferentes. Estava agindo no mundo! Nunca mais confundi os sinais do teu Santo Espírito com a pessoa Espírito Santo. Mas pelo que ouço, fala-se muito do Espírito Santo que veio de ti e do Pai e muito pouco se sabe sobre ele.

Ensina-me a não errar, quando falar sobre o teu Santo Espírito que não eras tu nem o Pai, mas que tu e o Pai são o mesmo e único Deus!

Haja cabeça para entender esse mistério!

O que espero é não anunciar milagres falsos, nem revelar o que não recebi e, para parecer iluminado, dizer que foi o teu Santo Espírito quem as inspirou. Dá-me a graça de não instrumentalizar teu Santo Espírito para parecer que sou mais escolhido e mais eleito que os outros...

Quero teu Santo Espírito que também é do Pai, mesmo se não souber explicar nem entender como no-lo envias.

Está doendo aqui dentro, Deus

Canção: *A dor do Reino*

Está doendo aqui dentro, Deus!
Disseram que fiz o que não fiz e que eu disse o que eu não disse. Pintaram e bordaram com o meu nome e a minha reputação.

E aí? O que eu faço? Bato a cabeça deles na parede? Bato a minha? Xingo e agrido? Processo e faço barulho, para eles saberem com quem mexeram? Retribuo calúnia com calúnia, difamação com difamação? A vontade é essa! Mas aí eu me lembro que cristão tem de perdoar sete vezes setenta, isto é: sempre.

O chato é ter que ouvir os que acreditaram. Querem saber por que eu disse uma coisa que eu realmente não disse ou por que fiz o que realmente não fiz. Olham-me diferentemente. Acreditam que eu fui capaz daquilo. A palavra de quem me difamou vale mais que a minha, porque ele tem poder econômico e é respaldado por uma indústria poderosa de comunicação.

Chego a algum lugar e percebo que a notícia chegou antes. Sinto-me um verme e não uma pessoa. Estou como nos salmos 17 e 64. Eu sou a presa e eles, os leões de tocaia. Querem sempre ver o que vou dizer ou fazer para depois confirmar: Eu não disse?

Faz-me justiça, Senhor, eu repito com o Salmo 26. Com o salmo 27 proclamo que és a minha luz e a minha salvação. Vou ter medo do quê? Se quiserem me destruir, terão que te enfrentar primeiro. Reconheço que sou pecador, mas não a esse ponto. Não desvies de mim o teu rosto.

Ensina-me a perdoar, mas a não me acovardar. Saberás mostrar-me o caminho reto. Não farei como eles. Não os matarei com minhas palavras.

Há coisas que eu não engulo

Canção: *Está faltando uma luz*

Falo contigo, Filho eterno! Há coisas que eu não engulo. Ficam entaladas aqui, dentro do meu pequeno eu e, simplesmente, não passam. Não consigo deixar para lá.

O que o banco fez com a Rosa, viúva com uma filha de 16 anos, foi uma dessas crueldades que bradam aos céus. Está pagando 0,48% de juros ao dia por uma conta que não liquidou. O banco que lhe financiou um carro de sete mil dólares, a preço final de 13 mil dólares, combinou 36 pagamentos. Ela pagou 28 prestações e, por doença do velho pai e desemprego, deixou de pagar quatro prestações e teria outras quatro futuras. Pagou 28 e faltavam apenas oito. O banco já tinha auferido o seu lucro.

Quis mais. Enviou um oficial de justiça para apreender o carro. Para não ter que entregar um bem pelo qual pagara 28 prestações, escondeu o carro. Precisou fugir de casa para não ser encontrada. O banco ameaça ficar com o carro e ainda exigir que ela pague as oito prestações acrescidas de juros de 0,48% ao dia. No final ela terá pagado mais de 20 mil dólares por um carro de 7 mil. Além disso, corre o risco de não ter o carro devolvido pelo banco. Foi o que lhe disse o advogado. As leis favorecem o banco.

O banco ficaria com o carro que ele mesmo financiou, mais o lucro de 200%. Ela ficaria sem o carro, sem o dinheiro, e poderá ser presa, se não tomar cuidado.

Não sei se é bem assim, Senhor, mas foi o que ela contou e o advogado confirmou. Tudo por causa de quatro prestações que ela não tem como pagar. Ensina-me a ensinar a ela como buscar justiça contra as injustiças da justiça humana!

Agora eu me lembro de tua parábola do devedor que quase foi vendido como escravo. Pensei que isso acontecia apenas naquele tempo. Mas a escravidão não terminou. Porque um banco quer o lucro e o carro, ela que já pagou quase duas vezes o preço do carro está exilada na sua cidade e fugitiva, sem ver a filha e sem poder usar o carro que escondeu, na esperança de conseguir o dinheiro e livrar-se da ganância cruel de um banco que já teve seu lucro!

Sei que o farás, mas ajuda alguém a fazer alguma coisa por ela, Senhor! Livra nosso povo do mal e também da prisão dos juros e da insensibilidade dos banqueiros. Amém.

Se eu entendesse a paz

Canção: *Haja Paz*

Se eu entendesse de paz, da tua paz, Jesus, e não da paz que o mundo pretende dar...

Se eu entendesse de fazer a paz e não apenas de recebê-la...

Se seu soubesse o que é viver em paz e dar a paz, eu certamente seria uma pessoa melhor e marcaria a minha passagem pelo mundo de maneira indelével...

Se eu soubesse dizer um bom-dia cheio de sentido, não um bom-dia chocho; se eu soubesse perguntar e depois escutar a resposta...

Se eu me interessasse por quem conversa comigo...

Se eu mostrasse um sorriso amigo para uma criança que tem uma história para contar ou para um velhinho que repete pela vigésima vez a mesma história...

Se eu parasse quando alguém me procura para conversar...

Se além de dar comida para um mendigo, eu também conversasse com ele; se eu soubesse saudar todo mundo pelo caminho, mesmo que não soubesse o nome dessas pessoas...

Se eu soubesse perdoar e não arquitetasse vingança...

Se eu não desse o troco porque alguém me machucou e se respondesse com bondade.

Se eu não lesasse ninguém, se eu não demorasse para pagar, se eu não falasse mal e se eu soubesse sempre achar uma palavra amiga e se eu tivesse a coragem, na hora necessária, também de repreender e denunciar, mas logo a seguir elogiar naquilo que é bom, então eu seria um homem de paz.

Como não sei fazer tudo isso, eu te peço a graça de aprender a ser totalmente de paz, porque meu coração me diz que não basta ser um pacifista pela metade. Ou se é pacifista em tudo e com todos ou não se é um pacifista...!

Meu coração se zangou

Canção: *Faz de conta*

Disseste que devemos controlar nossa ira, Senhor. Mas eu não controlei a minha. Tu controlaste a tua que foi pedagógica. A minha não foi.

Não pensei que aconteceria de novo, porque fazia tempo que não sentia raiva de ninguém. E eis-me com vontade de ver alguém quebrar aqueles dentes e partir aquela cara. Não sou disso. Não me imagino levantando a mão para ninguém. Agora, toda essa raiva, Deus!

Mataram o filho de um amigo meu. Era como sobrinho para mim. Morto, porque dançava aos pulos com a sua irmã de 15 anos. O leão de chácara sentiu-se ofendido porque o garotão levou sua ordem na brincadeira. Partiu para o tapa e, ameaçado pelos amigos dele, sacou da arma e o matou ali mesmo.

Está protegido pela firma e talvez não seja preso nem pague pelo seu crime. Não lá, onde quase todos andam armados e onde os poderosos protegem quem os defende.

Eu pensava que histórias de bandidos e assassinos ficassem no passado ou só aconteciam lá longe. Aconteceu aqui perto!

Ensinaste os teus a propor e criar uma sociedade livre e serena. Nela, jovens e crianças deveriam poder brincar e dançar, sem ser assassinados por um vigilante armado que não aprendeu a conversar com crianças e adolescentes.

Nem peço que punas esse desequilibrado. Só te peço que consoles a Deise e o Rafael e seus filhos que perderam alguém

precioso. Não nos deste sangue de barata. Por isso nós nos zangamos! Não viraremos assassinos, mas não nos calaremos. Os fabricantes de armas sabem para que servem as armas que fabricam. Não são apenas para tiro ao alvo e muito menos para caçar leões. Quem comprou sabia que era para matar pessoas... Aquela arma foi imaginada para isso. E encontrou o assassino certo!

O edifício da paz

Canção: *Dois interiores*

Obrigado e devedor. É assim que me sinto. Não acho que ficas no céu de maquininha na mão, calculando o quanto cada ser humano deve. Mas sabes tudo o que se passa dentro e fora de nós... Sabes o número de cabelos de nossa cabeça.

Por isso, a minha prece brevíssima deste momento, antes de viajar para anunciar teu nome.

Vim dizer que, apesar de meus pecados e limites, eu te procuro e te amo. Não te amo como aqueles filhos gentis e preocupados o tempo todo com os pais. Sou mais desligado. Falo menos contigo que deveria, mas sabes o que eu penso de ti a quem nunca vi, mas de quem eu sei que vim.

Purifica meu coração para que ele ore mais, erre menos e pregue com serenidade sobre teu amor e sobre a paz que tu nos dás, mas que temos que construir e edificar.

Às vezes acho que a paz é como uma enorme construção cuja planta nos dás. Forneces o material necessário. Mas quem tem que erguer o edifício somos nós. Dás a paz e as chances, mas não a fazes no nosso lugar. Não fosse assim Jesus não teria dito o que disse: que deveríamos deixar a oferta e as preces lá no altar e ir primeiro fazer a paz com o irmão (Mt 5,23). Há certas coisas que fazes por nós, mas há outras que temos que erguer com nosso esforço: a paz é uma delas. O material do edifício da paz a ser construído é teu, mas a construção depende de nós.

Vim dizer-te que te amo. E vim dizer-te que sei que muita coisa depende de mim. Ensina-me, pois, a construir a minha parte do edifício da tua e da nossa paz!

Meu irmão não acredita

Canção: *Cantiga por um ateu*

Ele simplesmente não acredita, Deus. Acha que eu rezo para uma ficção, porque, na cabeça dele, tu não existes. Exige provas que eu não sei dar. E mesmo que as tivesse, duvido que ele as aceitasse.

Tenho respeito pelos ateus sinceros, porque percebo que se não acreditam, não é porque não querem, e sim porque não está claro para eles que tu existes. Além disso, há os pregadores fanáticos e intolerantes que mais afastam que aproximam de ti os descrentes. Têm mais resultado com os crédulos.

A certeza que me vem da fé corresponde à certeza que lhes vem da descrença. Por enquanto está claro para eles que não existes.

Somos como dois observadores olhando uma estrela especial. No meu telescópio ela não aparece, mas se manifesta pelo que causa ao seu redor. Ele vê a mesma coisa, mas conclui que aquilo não tem nada a ver com uma estrela por perto. Eu decidi acreditar e ele não. Eu consegui. Ele talvez tenha tentado, mas no momento não lhe passa pela cabeça querer acreditar.

Rezo pelo Hercílio. É honesto e bom, mas duvida da tua existência e do teu amor. Não permitas que eu me sinta melhor ou maior que ele só porque eu creio e ele não crê.

Meu coração me diz que não aprovas tais pensamentos! Crendo ou não crendo em ti, ele é teu filho.

Não me deixes brincar de Profeta

Não permitas que eu brinque de ser teu porta-voz. Não me deixes brincar de profeta. Todo pregador, a seu modo, é um profeta, mas nem todos são tão profetas quanto pensam ser. Muitos extrapolam das suas funções. Às vezes dizem que disseste o que nunca lhes foi dito.

Não quero gritar ousadamente atrás de um microfone ou diante de uma câmera que disseste o que não disseste, ou que pediste o que não pediste. Não usarei teu santo nome em vão. Quem fez isso acabou em crise. É terrível brincar de ser teu porta-voz quando não se é ou inventar recados que certamente não lhe deste.

Quanto aos profetas que dizem falar em teu nome, espero que estejam dizendo a verdade. Deve ser terrível um impotente posar de porta-voz do Onipotente e, ainda por cima, garantir que não está mentindo. É melhor que não esteja!

Que eu não me aposse do teu nome

Canção: *Verdades*

Leio Mateus 24,24 e penso no que vejo na mídia e ao meu redor.

Dizias que falsos ungidos e falsos profetas se manifestariam e fariam grandes sinais e milagres e enganariam, possivelmente, até os eleitos. E advertiste que estavas avisando com antecedência.

Disseste que, se eles dessem teu endereço, no deserto, numa sala, num lugar qualquer, não deveríamos acreditar.

Disseste também em Mateus 7,22 que, naquele dia terrível e final, esse mesmo tipo de pregadores viria com a conversa de que profetizaram e falaram em teu nome e no teu nome expulsaram demônios e fizeram milagres. Dirás que não os reconheceste, porque não era a tua glória que queriam. Havia interesses espúrios na sua pregação.

Eles dizem que falam no teu nome e que tu os mandaste dizer o que estão dizendo. Consideram-se teus porta-vozes. Quando podem, diminuem as outras igrejas e recomendam somente a sua. Mandam seus fiéis votarem só em gente deles, porque querem o poder. Dão um jeito de diminuir os outros, mostrar os erros das outras religiões e jamais falam dos seus. Apresentam-se como gente convertida, santa e eleita. Usam e abusam do teu nome e passam a ideia de que, sendo daquele grupo religioso, o sujeito já merece credibilidade...

Que eu não me aposse do teu nome e que eu não fique rico anunciando o teu evangelho!

Ótimos de marketing

Milhares de pregadores da fé cristã são ótimos de marketing a favor de si mesmos. Chamam-no de marketing da fé, mas deveriam chamar de marketing de si mesmos às custas da fé. Centram sua pregação no seu testemunho. Falam demais de si mesmos, Senhor. Não posso julgá-los e é por isso que falo contigo. Talvez tenham boas intenções e estejam confusos, mas o resultado é por demais em favor deles!

Leio Mateus 24,24 e 7,22; leio Paulo na 2ª carta a Timóteo 4,1-5 e vejo como, já naquele tempo, eles sabiam que haveria gente querendo ouvir palavras doces e mentiras suaves e gente disposta a dizê-lo para ter mais adeptos.

Assusta-me ver com que facilidade esses envolvem as pessoas, a ponto de elas abandonarem uma fé vivida por seus pais e avós e por elas mesmas por longos anos, em troca das promessas deles de sucesso neste mundo e eleição garantida. Com que facilidade trocam de igreja e de espiritualidade. Com que facilidade saem por aí dizendo-se convertidos, semanas depois da sua mudança. Com que facilidade proclamam milagres que depois não se verificam. Esquecem o que falaram e continuam a prometer mais milagres. Nem desculpas pedem pelas suas mentiras. Ou culpam a falta de fé do fiel no qual a doença voltou.

Eles se apossaram da fé e do teu nome, Senhor. Jeremias e Isaías enfrentaram as mesmas situações. Profetas a dizer que os mandaste, quando não os mandaste.

Ensina-nos a discernir

Ensina-nos a discernir, Senhor, entre o cordeiro e o lobo, entres os bons e os maus guardadores de ovelhas. E ensina-nos a ser um dos sinceros, que nada querem para si.

Ensina-nos a não cair na conversa deles, Senhor. Dá-nos a sabedoria de saber quem fala e quem não fala de fato em teu nome! Santifica-nos e cura nossas feridas.

Quanto a mim, que eu tenha a humildade suficiente para nem sequer me considerar profeta e para orar pedindo perdão pelos meus pecados de ontem e de agora. Converte-me, para que eu jamais me aposse do teu nome, nem invente que foste tu que falaste, quando fui eu quem falou.

Converte-me...

Um dia desses me libertarei

Canção: *Porque me ouviste*

Quando vai ser eu não sei, Deus, mas sei que um dia eu não mais terei que te pedir tanta ajuda nem tantas desculpas, porque terei encontrado forças para não mais me ferir, nem ferir ninguém com os meus pecados e com meu enorme egoísmo.

Quando será, eu não sei, mas há de chegar o dia em que eu pensarei no meu Criador e Pai antes de fazer qualquer coisa que possa machucar quem quer que seja.

Naquele dia, serei verdadeiramente livre, porque fraterno e solidário e, o que é mais importante, serei alguém integrado no teu projeto de amor. Por enquanto, tem "eu" demais e Deus de menos na minha vida.

Converte-me! Eu sei que podes me converter!

Podes me dar uma chave?

Estou me sentindo prisioneiro, Senhor, e ainda não achei a minha chave!

Poderias emprestar-me uma outra até que eu ache as minhas?

A tua, Senhor, abre todas as portas. Mas eu preciso de muitas chaves, porque meus talentos e meus valores não servem para qualquer porta.

Ensina-me, pois, a viver com esta realidade. Há coisas que simplesmente não sei e não consigo fazer.

Não te vejo, mas creio

Falo contigo, Pai!
Não tenho certeza absoluta da tua existência porque nunca te vi. Mas tenho fé intensa, ainda que pequena. Como os discípulos, afirmo que creio, mas preciso que aumentes minha capacidade de crer.

A dúvida de que possas não existir nunca afetou meu coração. Jamais passou pela minha cabeça a ideia de que o universo começou por acaso. Respeito quem chegou a esta conclusão. Como não estávamos lá e não há provas científicas a corroborar a geração espontânea ou a criação, vivemos de crer e descrer, cada um com seus argumentos.

Prefiro crer. Seria como dizer que as peças de um relógio, cada uma do seu tamanho, juntaram-se por acaso, cada uma se encaixou no seu lugar, e o relógio começou a funcionar com precisão de segundos.

Alguém fez tudo isso! Olho o universo, aprendo cada dia mais com os estudos dos astrônomos e vejo que tudo tem ou parece ter um propósito. Qual, eu não sei dizer ao certo, mas quem fez tudo isso queria tudo como é e pensava no planeta Terra, e em tudo o que nele existe.

Sim, meu criador, eu sei que tu existes. Não sei dizer como, onde, quando e por que, mas sei que és aquele que é.

Louvo-te por teu amor criador.

És único

Creio mil coisas a teu respeito, Senhor! Creio que és único e que não há nem pode haver dois como o Senhor. Seriam dois infinitos, dois absolutos e dois onipotentes. Então, nenhum dos dois seria Deus.

Vejo-te indefinível e indecifrável. És muito mais do que possamos imaginar. A palavra *um* me vem espontaneamente ao coração quando penso em ti. Nunca admiti, nem admitirei que haja dois deuses ou milhares de deuses. Seria crer em deuses, mas não em Deus.

Aí, minha cabeça começa a dar voltas quando penso como cristão. Como pode haver um só Deus se foi nos ensinado que há o Pai, o Filho e o Espírito Santo? Como entender que estou falando com um só Deus ao invocar o Espírito, o Pai ou o Filho? Se falo com três pessoas como estou falando de um só Deus? Se são três, como pode ser um só? Aí, eu leio os evangelhos e percebo que meu conceito de *um* não bate com o de Jesus. Minha noção de unidade é pequena demais para eu entender o Deus único que, contudo, é Pai, tem um Filho e Ele e o Filho nos mandam o Espírito de ambos.

Um amigo meu disse que isso é loucura. E eu sinceramente não sei como verbalizar isso. Para mim és um. Um dia, no céu talvez eu ria de tudo isso, ao perceber que era tão claro. Agora, eu só sei que não há mais que um Deus. Lá, quem sabe eu entenda melhor o que é crer em Jesus, o Filho, e no Espírito que tu e Ele nos envias. Agora eu simplesmente não tenho palavras. Eu só sei que és *um* e não *três*.

Existes e me amas

Uma das certezas mais certas de minha vida, bom Deus, é que não importa quem eu tenha sido, seja ou venha a ser, tu me amarás. Eu posso perder se te amar mal, mas tu nunca conseguirias deixar de me amar. É impossível para ti deixar de amar. Não sabes não amar, não sabes amar menos, nem sabes amar mais. Amas sempre do jeito de um criador infinito e de um jeito infinito.

Um Deus que amasse menos deixaria de ser Deus, porque João diz no seu evangelho que tu és amor. Para mim está mais do que claro que jamais deixas de amar a quem quer que seja.

Por isso sei que me amaste, que me amas e me amarás, mesmo que eu te desobedeça e te desrespeite. Os bons pais da terra, com todos os seus limites, quando seus filhos os ofendem, ainda assim os amam. Esperam que um dia os filhos repensem o que fizeram, pelo bem deles mesmos. Penso que assim sejas. Amas incondicionalmente.

Eu sei que, pensando assim, eu acabaria achando que posso pecar à vontade, que nada vai mudar em teu coração infinito a meu respeito. Só que tem que mudar no meu. O Sol pode não deixar de brilhar, mas quando a Terra lhe dá as costas, fica tudo escuro naquela parte da Terra. Consequências haverá. É por isso que te peço que me ames sempre e me ajudes a amar-te sempre. Tenho medo de um dia gostar demais das sombras, nas quais, às vezes, me refugio!

Ao verdadeiro dono da história

Após o Salmo 2

É o dono do tempo e da História.
A ti pertencem os séculos, a ti pertencem os povos.
É inútil e tola esta rebeldia dos povos, das nações e dos mercados.

Nem este imenso poder de guerra, nem a fúria das ogivas e dos foguetes, nem a volúpia do ódio terrorista, muito menos os bilhões das grandes corporações poderão impedir o mundo de um encontro contigo.

Adorem quem eles quiserem, os donos do dinheiro e do poder que fazem tudo para fugir da lei espiritual e que ridicularizam e esbravejam contra a religião e dizem que atravancamos o progresso. Terão que repensar os seus caminhos. Podem estar com tudo e assim mesmo estar com nada!

Abençoam e protegem religiões e pregadores de resultado, púlpitos que os defendem, ou teologias de prosperidade, escolhem a dedo seus pregadores, porque precisam de religiões que mostrem um Deus que abençoa qualquer lucro.

A seu modo e pela sua mídia, ante a impossibilidade de fazerem o que querem, eles dizem:

– Isso aí cerceia os nossos direitos!
– Estão interferindo na nossa liberdade!

– Esse tipo de Deus nos atrapalha.

– Libertemos a humanidade dessa moral por demais retrógrada.

– Achemos religiões e pregadores que cooperem conosco e que nunca falem do social.

Mas o Senhor deve sentir pena e até rir deles. Quem está cerceando, atrasando e oprimindo quem? O Senhor, Deus, ou o dinheiro deles? Quem é que submete mercados e povos ao seu capricho? Deus ou seus sistemas macroeconômicos?

O que eles não aceitam é que alguém os conteste ou os controle. Ganhariam menos dinheiro e estão no mundo para ganhar muito dinheiro, muito mesmo! Não importa se, com isso, milhões empobreçam ou países inteiros passem fome, ou entrem em colapso. Não suportam é que alguém imponha uma lei que os obrigue a ser justos e a repartir, e a tratar as pessoas de igual para igual.

É isso que eles não querem: repartir é um verbo que lhes dá coceira no corpo. Entram em crise ante a perspectiva de perder o dinheiro que investiram. Porque o dinheiro é o seu Deus. Como traficantes, eles viciam o tomador de empréstimo e decidem quando dar e quando não dar, e a que preço e a que juros.

Mas o Senhor vai governar e chegar aonde quer. Podem espernear e blasfemar o quanto quiserem, mas a História vai sair das mãos deles e passar para as mãos do povo.

Ai daqueles que provocam o dono da História. Felizes os que levam teu Filho e teus outros filhos a sério.

Onde está teu Deus?

Após o Salmo...

eito e durmo sossegado, apesar dos meus problemas.
Sei que Deus está comigo. Sei que Deus cuida de mim.

Pai do Universo e Pai de Jesus Cristo.
Autor da minha paz!

Perdi a conta dos problemas que enfrento.
São demais as ofensas que já sofri.
É incrível o número de pessoas que me perguntam:
– Afinal, Deus cuida ou não cuida de você?

Mas eu sei, aqui no meu íntimo,
que a tua graça me protege.
Quando conto minha vida aos que eu amo,
eles acham incrível este meu modo de crer em ti.

– Confiar em Deus, mesmo sofrendo o que sofres?
Como podes chamar a isso de amor?

Mas eu me deito e adormeço tranquilo,
apesar dos problemas que enfrento.
Não irão entender nunca
como é possível confiar em Deus,

mesmo não conseguindo dele tudo o que lhe peço.
Minha fé é feita de amor e meu amor é feito de fé.
É por isso!

Acordo na manhã seguinte e vejo que continuo amando.
Não tenho um pingo de medo dos que pretendem me prejudicar. Nem esta guerra, nem esta violência, nem este terrorismo fanático e suicida me assustam.
Se for preciso, darás um jeito neles. Mas não é isso que desejo! Não te peço a morte de ninguém. Quero, sim, é que tu convertas e enchas de favores, de muitas bênçãos e de paz todos aqueles que são filhos teus, inclusive meus inimigos!
Jesus não admitiria outro jeito de viver. Até porque, se tiverem paz, não mais me ofenderão. E o que é mais importante: serão felizes como eu, apesar de pecadores que ainda somos!...

Oração da manhã

Segundo os Padres Dehonianos

*Gratos pelo que nos dás e
pelo que nos reservas para hoje.
Não acordamos em vão.
Ainda temos o que fazer neste planeta.*

Nós te agradecemos
nos teres reunido em tua presença,
para nos revelar teu amor,
entregando-nos tua Palavra.

É mais um dia de ir em busca da paz dos outros.
Faz calar em nós toda outra voz que não seja a tua.

Abre, por teu Espírito Santo, o nosso entendimento e nossos corações à tua vontade, para que não tenhamos medo das exigências da tua Palavra.
Que ela seja por nós entendida, aceita e praticada.

Isto te pedimos, por Jesus Cristo, que nos ensinou a ser teus filhos, na unidade do Espírito Santo.

Oração ao anoitecer

Após os Salmos 3 e 4

*Não me deixes viver na tristeza,
porque com ela eu me deprecio.
Contigo, eu me sinto pessoa.*

enti angústia e tu me libertaste.
Tiveste dó de mim e eu saí da minha fossa.
Por isso, tornei-me quem sou.

Quando posso, eu digo abertamente:
– Meu povo, por que cultivar tristezas?
– Por que esta procura do vazio e da ilusão?
– Vocês precisam saber das coisas que Deus faz
quando a gente ora de verdade.
– Não precisam ter medo da vida:
tenham medo é do vazio.
– Aprendam a cultivar o silêncio.
– Armazenem-se de conteúdo espiritual.
– Tomem tempo para si mesmos e para o Criador.

De vez em quando alguém deles me diz:
– É difícil ser bom. Como é que a gente consegue tanta paz?

E eu digo a eles que peçam luz, porque tu nos acendes.
Outros me dizem que exagero.

Que a alegria que sinto é só fachada.
Que, no fundo, eu também não sou de nada.

E eu digo a eles que, para ser feliz, já não preciso beber, como eu fazia. Que vinhos não me dão mais alegria.

A conversa ali acaba. Não entendem meu tipo de alegria.
A gente acaba rindo, mas sabem eles que estou certo.
Eu durmo sem bebida e sem calmantes.

Tenho um pacto contigo. Eu cuido das tuas coisas.
Tu cuidas da minha paz.
Não te desejo boa-noite, porque não tens nenhuma noite!

Oração de um enfermo

Após o Salmo 6

Senhor da saúde e da doença,
meu corpo é só fraqueza.
Meus ossos tremem,
minha língua secou, a febre subiu.

A prostração é tanta que nem forças para chorar eu tenho.
Nunca pensei que chegasse a esse ponto.

A gente nunca pensa que pode acontecer conosco.
Mas, mais que a dor do corpo,
dói em mim essa doída dor de alma.

Não, Deus! Não entregarei os pontos. Tu és o meu pai!
Não posso e não quero ver isso como castigo.
Se está escrito que morrerei desta vez,
quero morrer sem mágoa,
porque, para quem procura o infinito,
a morte não é castigo.

Acontece que eu cultivo a teimosa esperança de viver!
Eu posso e vou sair dessa!
Aconteceu antes com milhares de pessoas,
há de acontecer comigo!

Na dor, eu cultivo a esperança da saúde.
És o Deus da vida e da morte,
mas és também o Deus da saúde.
Médico do meu corpo e da minha alma,
meu corpo te suplica vida!

Posso ter esse atrevimento?
Se tenho escolha, quero ter saúde de corpo e de alma,
e morrer de velhice serena.

Não é tarde, Senhor!

Prece de um coração arrependido

O arrependimento me machuca!
Mas é uma dor que me faz bem.
Toma no teu colo aqueles a quem magoei,
aqueles a quem não perdoei,
aqueles a quem causei tristeza.

Toma no teu colo, aqueles a quem já feri,
as pessoas de quem me esqueci
e as que fiz de conta que não vi.

Toma no teu colo os que por minha causa já choraram,
por minha causa e por meus erros te deixaram,
por minha causa se decepcionaram.

Dá-lhes a paz que lhes tirei um dia
e, se tirei, devolve-lhes a alegria.

Que todos eles sejam mais felizes,
nem que para isso tenhas que tirar um pouco da minha paz.
Mas ensina-me a perdoar em plenitude
e a reparar os meus erros de ontem.

Não é tarde, Senhor!
Não é tarde para reavivar as flores que um dia esmaguei.

Tu nunca me abandonaste!

Não sabes abandonar, porque não sabes não amar.
Às vezes parece que não te importas,
mas é conclusão errada do nosso coração
angustiado e sem perspectivas...
É que não vemos o depois...

Se me tivesses abandonado à minha própria vontade,
eu certamente estaria entre as pessoas machucadas,
insatisfeitas e infelizes,
para quem nada serve e nada basta
e tudo é fonte de conflito.

De queixa em queixa, de conflito em conflito,
de depressão em depressão,
perdem preciosos momentos de felicidade.
Com o tempo, duvidam que a felicidade exista.

Mas tu me corrigiste e fizeste doer minha consciência!
Por isso não fiz tudo o que queria,
não cruzei todos os sinais vermelhos dos semáforos da vida,
não vivi todas as emoções as quais tinha direito,
se é que alguém tem tal direito.

Mesmo assim errei,
pensando fazer alguma coisa de bom e livre de malícia.

Vivi feliz, permitindo-me o que achei que devia me permitir
e também o que pessoas em quem eu confiava
achavam que eu devia me permitir.

Proibi a mim mesmo o que devia proibir
e o que pessoas em quem eu confiava me proibiram.
Algumas delas erraram feio
proibindo-me o que poderia ser permitido.

E daí? Erraram querendo o meu bem! Não guardo mágoa!
Tomaram conta da minha vida
e me privaram de muitas experiências boas!

Não me desumanizei por causa disso,
porque também me livraram de muitas experiências ruins.
Elas por elas, no sim e no não da vida, chego feliz
aos novos "não" e aos novos "sim" do cotidiano.

Não entro mais em crise quando recebo um não.
Sofro um pouco e esperneio,
mas depois volto a buscar o que penso que seja tua vontade.

Estou descobrindo aos poucos que nos educas
como nós educamos as crianças.
Permites que caminhemos com nossas pernas.
Vês os nossos tombos e as nossas lágrimas.
Mas depois nos tomas nos braços.
Um dia entenderemos que aquilo fazia parte do
nosso crescimento.

Não iluminas no vazio

Fiz uma grande redescoberta, Pai.
Redescoberta, porque já sabia, mas havia esquecido.
Redescobri que a luz não se propaga no vácuo.
Um cientista me disse que ela,
a luz, precisa de alguma substância para se propagar.

Dei risada, ao pensar que tua luz é igual.
Só inspiras corações e cabeças que já possuem algum conteúdo.
Cabeças ocas, de cristãos que se recusam a estudar a fé
e aprender com os outros,
inclusive os que seguem pastoral diferente;
cabeças de quem preguiçosamente não folheia livros,
nem frequenta cursos para aprender;
corações cheios de santidade sem cultura alguma,
que desprezam a graça de aprender com o mundo,
não têm chance!

Deveríamos aprender com Paulo que aprendia com o mundo
que, por seu turno, ensinava.

Não inspiras nem os preguiçosos, nem os acomodados.
Deve ser por isso que os profetas tinham o que dizer.
É que agias no que já encontravas.
E encontravas conteúdo neles.
Suas falas demonstram conhecimento de História
e cabeças capazes de analisar, porque conheciam
o pensar e o caminhar do povo.

Quanto aos que acham que inspiras quem fica sentado
esperando que lhes jogues uma luz na cabeça
e que lhes digas de noite o que dirão amanhã ao povo,
acabarão dizendo bobagens e insistindo que tu mandaste dizê-las.
Dirão que é vontade tua, quando não é vontade tua!

Tua luz não entra em mentes e corações superficiais.
Atuas no profundo!

Ensina teus pregadores a ler mais e aprender mais com os outros, Senhor,
para não dizermos que disseste
o que realmente não disseste, nem nunca jamais dirias!
Amém!

Para cima e para o lado

Perdoar, perdoar e perdoar!
Pedir perdão e outra vez pedir perdão,
mesmo que eu não ache que tenha errado.
É o que desejo pedir nesta prece de fim de tarde!

Talvez eu seja um fraco.
Talvez eu precise ler os evangelhos outra e outra vez,
até que os assimile!

Lá, tu me dizes que, se meu irmão ou minha irmã
têm razão de mágoa contra mim,
é o suficiente para que eu deixe minha oferta
e meu blá-blá-blá no altar e vá pedir perdão,
até que ele ou ela me perdoe (Mt 5,23).
Privilegias a paz. O louvor pode esperar!

Aprendi que te louvar é bom, mas não é tudo.
A justiça e a concórdia pesam mais no teu projeto!
Ou Mateus errou, ou disse o que não gostamos de ouvir.

Eu fico entre os adoradores que olham para cima e mais alto,
porque és mais do que nós todos,
e para os lados,
para não esquecermos de quem precisa de nós.

Se eu só olhasse para o alto
acabaria sofrendo de torcicolo espiritual.
Não é uma enfermidade agradável.
Faz o crente ver tudo distorcido!
Que eu semeie a paz, enquanto semeio alguma devoção.
Mas que a paz seja mais urgente!
É o que entendi ao ler Mateus 5,23.

Perspectiva

Estou contido em ti e não estás contido em mim.
Tu me abranges e me abraças,
mas é claro que não te vejo.
Formigas não entendem o abraço da montanha.
São pequenas demais para ter noção daquele colo.
Mas estão lá dentro!

Não és feito de mim e eu não sou feito de ti.
Não sou pedaço de Deus.
Não tenho nada de divino.
Não sou panteísta.
Não acho que tudo é Deus
nem que a soma de tudo o que existe
resulta em ti.
É mais do que tudo somado!
Já existias antes de tudo ser feito.
Continuarás a existir e ser quem és,
depois que tudo tiver acabado...

Não sou pedaço de Deus,
mas é de ti que eu vim,
como a casa não é carne da carne do pedreiro,
mas veio de suas mãos.

Vim de ti e é para ti que eu estou voltando.
Mas antes, Senhor,
permite que eu acabe de me arrepender.

Puro como a fonte

az de mim um ser humano de verdade.
Humano, porque do humo, pó que sou,
por isso mesmo humilde, puro e natural.

Faz de mim, Senhor e criador meu,
uma pessoa íntegra, sem falsidades, nem duplicidades,
sem fingimento, nem segundas intenções.

Dá-me a pureza cristalina da fonte
e do riacho da montanha.
Se isso for impossível,
por ter sido quem fui e feito o que fiz,
então, dá-me o desejo de me purificar a cada passo do caminho.

Que eu não use, não julgue, não desrespeite ninguém.
Que eu não me desrespeite, não me deixe usar nem abusar.
Que eu não busque o pior nem pense o pior,
mas saiba distinguir entre a inocência e a ingenuidade,
entre a sabedoria e a malícia.

Que eu saiba respeitar a fé, corpos, desejos e pessoas,
que eu saiba canalizar minhas ideias,
meu corpo, meus impulsos e meus desejos.

Sobretudo, que eu entenda que a pureza
não está apenas no sexto mandamento, mas em todos.

Serei puro, se te amar, se respeitar teu nome,
se me guardar para ti, se respeitar meus pais e parentes,
se respeitar as pessoas,
se não explorar economicamente ninguém,
se não roubar, se não desejar a morte de ninguém,
se, enfim, quiser o melhor para todos os homens e mulheres
do mundo.

É a graça que te peço!
Graça sem a qual jamais levarei a tua paz a quem quer que seja.
Quero ser pessoa plena e serena.
É a minha prece nesta manhã que nasce límpida.

Prece de louvor

Criador de tudo e de todos!
Pai do Universo,
Deus dos religiosos e dos profetas,
Pai do meu Senhor e mestre Jesus Cristo,
Pai meu, Senhor da minha vida!

Minha prece é de agradecimento,
porque me criaste e me quiseste vivo até agora,
e também porque não me negaste a chance de ser feliz
e o direito de escolher.

Minha prece é de arrependimento,
porque não tenho te amado tanto quanto poderia e deveria
e porque, muitíssimas vezes,
tenho vivido e agido como se não existisses
ou não fosses a razão da minha vida.

Minha prece é súplica sincera.
Quero amar como Jesus amou,
sonhar como Jesus sonhou,
pensar como Jesus pensou e
viver como Jesus viveu.

Sei quase tudo sobre a vida,
o que não sei é vivê-la!

Mas não quero morrer sem ter, primeiro, aprendido a viver,
comigo mesmo, contigo e com todos os teus filhos,
em harmonia com o teu universo e com a tua criação.
Ensina-me, portanto, iluminado por teu Filho Jesus,
a ser pessoa no meio das coisas e das pessoas,
irmão de Jesus Cristo,
irmão do Universo
e, por isso, filho teu, como foi Jesus de Nazaré.

Faz de mim um ser humano bom e puro de alma,
para que eu possa perseguir este sonho
sem vaidade alguma,
sem ódios nem ressentimentos,
cheio de perdão e misericórdia,
e disposto a aprender com todos os homens
e mulheres do mundo,
inclusive com aqueles que não me amam.

Em teus braços infinitos eu me recolho.
Volto a ser como criança.
E, enquanto meu corpo descansa,
meu coração te canta um hino de ternura.

Consciência embotada

Tenho uma consciência pecadora.
Um sentimento embotado.
Mil tentações que não enfrento.
Mil sentimentos não admitidos e não resolvidos.

E não sou único!
É a condição da maioria dos pecadores.

Quando me enfrento, minto a mim mesmo
com tiradas psicológicas
e frases espertas, cheias de explicações que não explicam.
Quando alguém me enfrenta, arranjo respostas prontas,
porque preciso parecer menos pecador do que sou.

Mas a verdade, Senhor, é uma e única.
Minha consciência achará cada vez mais normal
e cada dia mais permitido
aquilo que magoa os outros.

Se depender de mim, acabarei achando que
o que não acho ser pecado não é pecado.
Porque minha opinião vale mais que a Bíblia,
a tradição e toda e qualquer moral.

No meu coração, apenas um pedido:
Dá-me a graça de saber quando é pecado

e admitir que foi pecado,
quando não é e por que não o foi!

Mas que a norma não seja o meu querer,
e sim a verdade!

Como a maioria dos pecadores, tenho uma consciência
embotada e lacrada:
só entra o que eu quero que entre.

Converte-me para que entre no meu coração a tua verdade
mesmo que ela me acuse do pecado,
que não desejo admitir.

Tenho uma sede infinita

É isso, Jesus! Eu tenho sede e não sei beber.
De tanto correr em busca de mim mesmo tenho
a alma sequiosa.
É a sede do atleta que gasta todas as energias para vencer.
É a sede do caminhante que quase desmaia de cansaço.
É a sede do mendigo andarilho que perdeu as forças no caminho.

Tenho a sede da Samaritana e, como a Samaritana,
não entendo que a sede que eu tenho é maior do que meu poço.

Tenho sede e tu és a fonte.
Tenho sede e tu me dizes que basta chegar e beber de ti.
E eu nem sempre bebo!
Bastaria estender a mão em concha.
Bastaria curvar-me.
Bastaria pedir!

E eu fico aqui, com a minha sede, bebendo águas que não saciam.
Receio que, enquanto eu não entender as águas do meu batismo,
continuarei nadando e, não obstante, com sede.

O que eu preciso é aprender a beber das tuas águas.
A me lavar nas tuas águas.
A me batizar, todos os dias, nas tuas águas eternas.
Porque, agora, entendo e admito:
nem todas as águas do mundo saciaram a minha sede.
A sede que eu tenho é de eternidade.
No teu poço e nas tuas mãos em concha,
eu sei que minha sede acabará.

Contra toda falsidade

Após o Salmo 12

ue meus lábios busquem a verdade.
Que as mentiras do mundo não me enganem.

A palavra se tornou impura
porque os lábios se fizeram mentirosos.

Deus da justiça e da verdade,
educa-me para não mentir.
A fidelidade está desaparecendo.
A lealdade já não é mais importante.
As pessoas mentem o mais que podem.
Quase todo o mundo tem duas caras.
O fingimento tomou conta da vida social.

De tal modo as pessoas aderiram à mentira
que nem se dão conta de que estão sendo enganadas
ou que mentem para os outros.

Mentem os casados, mentem os solteiros,
mentem os amigos,
mentem os amantes, mentem os negociantes,
mentem os criadores de propaganda,
mente o rádio, mente a televisão,
mentem os políticos, mentem os ateus,
mentem os que se acham religiosos.

A palavra se tornou impura porque os lábios mentem.
É por isso que te peço:
Quero ser mais verdadeiro,
por mais que isto me machuque.

Guardar-me-ás deste pecado e desta geração
que sabe que está mentindo,
sabe que está ouvindo mentiras
e gosta das mentiras que ouve.

Quanto a mim, educa-me para a verdade.

Quarenta, sete, setenta vezes...

Hoje à tarde, aquele telefonema estúpido
e cheio de acusações maldosas quase me tirou do sério.
Faltou pouco para eu gritar um palavrão
que as pessoas de menor formação cristã
costumam jogar contra quem os ofende.

Fiquei zangado, Deus!
Faltou pouco, mas muito pouco mesmo
para eu perder a minha paz!
Eu estava sendo acusado de algo que jamais fiz
e jamais pensei em fazer em minha vida.

Posso ter muitos defeitos, mas o de querer destruir
o bom nome da pessoa, não!
E jamais eu quis usar quem quer que fosse.
De repente, alguém me acusa precisamente
da coisa que mais abomino e que mais condeno:
derrubar um amigo, falando mal de seu trabalho.

Descobri quem disse.

E foi tua graça que me libertou de uma grande injustiça.
Já estava preparado para telefonar à ilustre caluniadora,
quando resolvi rezar um pouco.
Tua palavra me dizia:
– Pai, perdoai-os, porque não sabem o que fazem (Lc 23,34).

E raciocinei comigo:
– Se teu Filho, muito mais ofendido e torturado que eu, disse isso, eu também preciso perdoar.
Não telefonei, não tirei satisfação,
não devolvi ofensa com ofensa e acho que esta noite vou dormir feliz.

Saio perdendo, mas saio perdoando.
Ganhei uma coisa: descobri que perdoar faz mais bem à minha cabeça que me vingar.

Esta noite eu te agradeço a graça de haver sido caluniado
e ter tido força de perdoar.
Amanhã será outro dia. Vou me levantar feliz.

Está para nascer o homem que conseguirá tirar de meu coração
a paz de estar vivo e contigo.
Quiseram me destruir. Eu estou em pé.
E consegui não odiar ninguém.
Desta vez, venceu a tua graça.
Boa noite, Deus, tu que ensinas a perdoar!

Cantiga por quem não crê

Após o Salmo 14

u não existes!
É o que muita gente anda dizendo sem pensar.
Suas ações correspondem à sua descrença.
Não buscam nenhum bem maior do que seus bens!

Imagino que, lá dos céus,
procures uma pessoa sensata,
num mundo fechado no mais crasso materialismo.
E, dele, nem os que se dizem crentes escapam.
As pessoas pensam demais em si mesmas.
Todo mundo busca levar vantagem.

Inclusive, há pregadores ensinando que
dás emprego, casa, carro e prosperidade
a quem te dá religiosamente os dez por cento!
É a fé "canhoto de boleto"!

Mas o resultado aí está.
Só não o vê quem não quer.
O materialismo dos ricos e dos pobres
está devorando meu povo.

As pessoas perderam a noção de justiça
e de outros valores.

Daqui do meu canto eu faço a minha prece pequena.
Mostra ao mundo que tu existes, Deus.
E também àquele que não tem conta no banco!

Canção para dormir em paz

Após o Salmo 4

Deus de justiça, escuta minha canção.
Tu que na hora difícil me tiraste do aperto,
mais uma vez tem dó de mim.
Escuta o que eu digo nesta canção.

– Hei, gente, até onde vocês pensam que vão,
preferindo a mentira e a ilusão?
Fiquem sabendo que o Senhor faz coisas incríveis
para quem lhe é fiel.

Ele me escuta quando eu grito por ele.
Por que não aprender com ele?
Aprendam a ficar irados sem pecar,
a meditar e a fazer silêncio interior.

Ofereçam os sacrifícios prescritos,
obedeçam à lei, confiem no Senhor.

Mas, aí, eles dizem:
– E quem garante que isso traz felicidade?
A sorte não brilha para nós...

Então eu lhes conto
que tu deste mais alegria ao meu coração

do que a alegria dessa gente materialista
que confia demais nos seus celeiros e nas suas adegas,
e nos seus estoques de trigo e de vinho.

Eu penso diferentemente:
Em paz eu me deito e logo pego no sono.
Superei minha hipertensão
desde que descobri
que era em ti que estava a minha paz...

Canção de solidariedade

Eu não me acho o mais feliz dos homens,
mas sou muito feliz.
E dói-me no coração
ver pessoas infelizes.

Então eu me pergunto:
– Por que eu sou feliz e meu irmão não é?
A resposta é o mistério.

Não conheço fórmulas mágicas de felicidade,
mas percebo que pessoas que gostam de pessoas,
em geral, são felizes.

Sei também que, quanto menos pessoas amamos,
menos felizes somos.
Quanto mais pessoas amamos,
mais chance temos de crescer felizes.

Tenho aprendido que a felicidade
está ligada à capacidade de conviver com os outros
e com nós mesmos,
de perdoar e ser perdoado,
de não depender demais dos outros,
de não dar trabalho nem preocupação excessiva aos outros,
de não sermos exigentes demais,
nem conosco, nem com os outros,

de não chamarmos demais a atenção dos outros
e de abrirmos nosso espaço para o outro,
sem ocuparmos demais o espaço que é o dele.

Talvez isso seja simplicidade e felicidade.
E se assim for,
dá-me, Senhor, a simplicidade dos que acolhem
e dos que não se agarram demais às coisas e pessoas.
Simples e desprendido,
quero continuar feliz.

Põe teu sorriso aqui dentro, Deus.
Eu tentarei levá-lo aos infelizes!

Mistério...

Preso aqui neste planeta,
cego, surdo e mudo.
Não te vejo, não te toco, não te sinto,
não te escuto a me chamar!

Não conheço o teu semblante nem a tua imagem,
não posso te imaginar!
Não conheço nem vislumbro a dimensão
do infinito onde estás.
Não sei onde habitas,
não sei onde moras,
não sei te descrever,
não sei falar bonito,
quando és tão infinito
e eu tão incapaz de entender.

Infinito, onipotente, onipresente,
criador e provedor,
poderoso, justo, amigo e Pai clemente,
Deus da luz e Deus do amor.
Não conheço, nem vislumbro a dimensão
do infinito que tu és.
Não sei aonde vamos,
não sei onde estamos,
só sei que estás no céu.
Não sei imaginar-te

na minha pobre arte:
Só sei que és nossa luz,
que és nosso Deus...

E o resto só tem sentido
em função desta verdade.

Preciso da tua graça

Eu preciso da tua graça!
Preciso de ti como o viajante, cansado de buscar.
Preciso de ti como a criança precisa de atenção.
Preciso de ti como o navegador, de sua bússola,
e o náufrago, de sua tábua de salvação.

Preciso de ti como do ar que eu respiro,
do alimento que me sacia a fome,
da água que me mata a sede,
do sono que me prepara para um dia novo.

É inútil eu teimar nesta vida de autossuficiência.
Não me basto e não tenho todas as forças de que preciso
para chegar aonde devo e aonde quero.
Há coisas que posso e que devo fazer por mim mesmo.
Há coisas que não posso nem consigo,
porque não tenho força suficiente,
nem dentro, nem fora de mim.

Eu preciso da tua graça, Deus,
porque preciso de um adjetivo que me qualifique.
Só, autossuficiente, eu mesmo, não sou tão forte,
nem tão precioso.

Tua graça, porém, qualifica-me, adjetiva-me e plenifica.
O teu poder qualificante me dará
aqueles valores que me fazem ser mais para os outros.

Sem ti não crescerei.
Sem ti não terei charme nem encanto.
Sem ti atrairei todos a mim e eu não posso muita coisa!
Sem ti afastarei e distrairei as pessoas
do verdadeiro rumo.

Contigo serei seta,
homem qualificado, tornado competente,
não por mérito meu, mas por tua misericórdia.

Dá-me, pois, a graça de aceitar a tua graça.
Por isso...
Nem que eu não queira,
nem que eu não te peça,
concede-me a tua graça.
Sem ela, nada mais tem graça!

Ensina-me a ser teu

Fiquei a observar aquele carreiro de formigas.
Eram milhares, iguais ao meu povo nas ruas.
Corriam para muitas direções,
mas a grande maioria tinha um só caminho.
Passei duas horas a observá-las
e saí de lá entendendo cada vez menos de formigas,
como cada vez menos eu entendo de povo.

Formigas são um grande mistério. O povo também.
A quase totalidade fazia o comum.
Subiam nos galhos mais altos daquele arbusto,
cortavam seu pedaço de folha nova
e, depois, desciam penosamente a carregar um fardo
dez ou vinte vezes maior que elas mesmas.
Tal qual os pobres do meu povo!
E seguiam, ziguezagueando, ao peso do seu fardo,
na penosa procissão de quase duzentos metros,
até seu formigueiro.

Feito meu povo, quando vai e volta do trabalho!
No meio delas, algumas formigas que foram e voltaram
sem nada levar. Igual a muitos do meu povo...
Não sei se por fraqueza, por cansaço ou por preguiça,
algumas apenas andavam pelo caminho.

Pareciam não trabalhar, como alguns do meu povo...
Três delas carregavam uma folha amarela, diferente,
e iam sentido contrário.
Não entendi por que faziam o caminho oposto
com aquela folhinha às costas.
Pareciam fazer um trabalho ao contrário.
Pensei em alguns indivíduos do meu povo,
que também fazem tudo ao contrário do resto do povo.
No fim do dia, o trabalho estava quase todo feito.
Fiquei a olhar de longe aquelas folhinhas
que se moviam, como jangadas em fila, no horizonte.
E desejei compreender, um pouco mais, a vida das formigas.

Agora é noite e olho a cidade que dorme aqui e acolá.
E eu também não entendo o comportamento de nenhum deles.
Só tu os conhece. Só tu os compreende.
E eu rezo querendo aprender.
Afinal, eu também não passo de uma formiga confusa,
com um enorme fardo às costas.
Só espero não prejudicar o formigueiro, nem seu projeto.
Que eu não abandone minha folha! Amém!

Ecologia

Criador e Pai,
estão arrasando a floresta, secando riachos,
poluindo e envenenando rios,
sujando os mares e tornando o ar irrespirável.
Tudo em nome do lucro e do progresso.

Estão legalizando o aborto, clonando até os humanos,
fazendo propaganda do suicídio e da eutanásia,
em nome da liberdade de escolher.

Pró-escolha, eles dizem.
Falta-lhes coragem de dizer pró-aborto.
As telas de cinema e de TV mostram, todos os dias,
centenas, milhares de atos de violência,
em nome da liberdade de expressão.

Querem o direito de mostrar tudo.
Querem a liberdade sem controle e sem limite.
Mas ferem o limite dos ingênuos e inocentes.
Acontece que o que conta é sua liberdade, e não a dos outros.

Heróis matam e massacram,
e recebem ovações por seu desempenho.
Nas ruas das grandes cidades, assaltos, roubos,
sequestros, estupros, atropelamentos, velocidade assassina.

Ninguém aceita ser educado para a vida.
Nossa época escolheu a morte como diversão e opção de vida.
E todos odeiam os moralistas,
porque ninguém tem o direito de propor comportamentos.
Eles sim! Fazem isso todos os dias nas suas novelas.

Tenho medo dessa mentalidade assassina
de uma sociedade formadora de opinião
que glorifica quem mata mais e com mais poder de fogo.

O crime e a morte tornaram-se espetáculos mais interessantes
que o espetáculo do amor e da ternura.

Por nosso futuro, pelos nossos filhos de amanhã,
dá-nos uma graça:
a de nunca acharmos normal e bonito matar um ser humano,
ou decepar um galho de árvore, e, também,
a de criarmos uma geração desarmada, para que não nos
tornemos uma geração desalmada.

Ensina-nos a viver como quem renasceu nas águas do batismo.

Luz da minha luz

É isto o que eu me sinto, Deus:
uma pequena lua!
Aquilo que brilha em mim é reflexo da tua luz.

Assim também eu te vejo!
Quando te chamo *Deus*, eu penso numa luz intensíssima.
Tão brilhante, que eu ficaria cego se te visse.
Tão forte e tão sedutora, que se eu te visse como és,
provavelmente, não quereria mais viver na Terra.
Sei que não és luz, mas a luz me dá uma ideia de ti.

Eu te amo, Deus. Eu te amo de verdade!
Mas, às vezes, fica escuro aqui dentro. Muito escuro.
E não é porque tu deixas de brilhar.
É porque, como a Terra, eu, às vezes, te dou as costas,
não te exponho todo o meu ser.
Nessas horas, sinto frio, falta-me o teu calor,
falta-me a tua luz intensa.

Mas tenho as minhas horas de luz.
É quando eu te dou a minha face
e de tal maneira me iluminas,
que eu me sinto um pequeno sol.

Deus meu, luz da minha luz, Pai do Filho da Luz.
Quero ser como Jesus de Nazaré.

E ele disse que eu sou luz!
Que toda pessoa pode ser luz!
Que quem o segue é ainda mais luminoso!

Por isso, a minha prece nesta manhã cheia de luzes.
Ilumina-me sempre, Senhor.
Até mesmo quando eu não te pedir...
A Terra também não pede para ser iluminada...

Deus dos contemplativos

Estive olhando teu céu.
É bonito, é bonito e é bonito,
com nuvens ou sem nuvens, sem estrelas à vista,
ou com elas a perder de vista...
E ontem foi bonito outra vez.
Daqui do teu pequeníssimo planeta Terra,
pude olhar este canto da tua Via Láctea.

Escolhi um pedaço do teu firmamento e me pus a contar.
Contei até 600 estrelas
naquele pequeníssimo espaço que escolhi olhar...
Aí, minha vista foi se acostumando
e resolvi contar de novo.

Contei 1.140 estrelas onde só havia contado 600.
Num Universo de decilhões ou centilhões de estrelas
tão grandes como ou mil vezes maiores que o Sol,
isto é nada!

Mas para mim foi o suficiente.
Entendi a importância de contemplar!

Isso, Deus!
Entendo, agora,
que contemplar é demorar-se mais tempo
olhando a mesma verdade.

Contemplar é ter a coragem de mergulhar mais fundo.
E é por isso que os contemplativos são pessoas mais serenas
e mais corajosas do que as outras pessoas
que não pensam nem meditam.
Vão mais longe e mais fundo...

De repente, a gente vê mais, onde via tão pouco...
Nossos olhos se acostumam.
Nosso coração se acostuma.
Nossa retina se adapta e passamos a ver o que não víamos,
não porque não estava lá,
mas porque não nos havíamos dado tempo.

Na noite que passou, eu meditei.
E te sou grato porque o fiz.
Fui mais fundo na verdade que já vira milhares de vezes.

O que peço, o que suplico
é que tu me ensines a contemplar mais que contemplo,
se possível todos os dias.
Então verei com profundidade o teu Universo, o meu Universo
e o Universo daqueles com quem divido este tempo
e este espaço do meu hoje...
É o único jeito que tenho de mergulhar no Universo.
É o meu único jeito de chegar mais perto do infinito.
Boa noite, Deus dos contemplativos...

A graça de querer a tua graça

Eu preciso da tua graça
como preciso do ar que eu respiro.
Se me falta o ar,
por pouco que me falte,
já não viverei nem agirei de modo consciente.
Se me falta a tua graça,
vivo, mas minha vida é sem graça.

Preciso de tua graça que me qualifique,
que me encha de charme,
adjetive este pobre e vazio substantivo que tenho sido.

Preciso dela como a roupa precisa de quem a lave e passe,
como a sopa precisa de tempero,
como a fruta precisa do ponto exato para ser colhida,
preciso de ti como a criança diante da correnteza.
Se me dás a mão eu atravesso.

Preciso de tua graça como preciso de um fulcro e uma alavanca.
Então minha força que é pequena opera prodígios.

Mas, de todas as graças e favores que de ti procedem,
o que mais preciso,
a graça que mais falta me faz
é a de querer me converter.

Dá-me, Senhor, a graça de querer mudar de vida.
Sou como os fumantes.
Acostumam-se com o cigarro, dependem dele,
entendem que precisam largá-lo,
mas não conseguem, porque se tornaram dependentes.
Assim sou eu com o meu pecado.

É por isso que te peço.
Preciso mudar de vida.
Mas não tenho forças nem para querer mudar.
Desafia-me, Senhor.
Desentala-me e sacode o meu ser.
Então entenderei que quando se precisa de tua graça,
há que se buscá-la na prece mais humilde.
Dá-me a graça de querer a tua graça...

Ensina-me a esperar

Eu espero e eles me acham fraco de espírito.
Mas não viram como brigo pela vida,
quando vejo que chegou a hora.

Como explicar a mística do esperar?
Como explicar que perder, às vezes, é condição para vencer?

Que não seja tudo como eu quero, Senhor!
Eu certamente vou querer agora
o que amanhã gostaria que não tivesse querido.

Dá-me um coração inteligente.
Então saberei que sabedoria não é experimentar tudo.

Que eu saiba o que é veneno.
Que eu beba o que me faz bem,
nem que tenha que esperar por anos e anos
a minha hora de beber.

Dá-me a graça de não devorar a vida.
Com ela, eu devoraria meu equilíbrio e meu sorriso...

Antes que seja tarde

Foste meu pai e eu não fui teu filho.
Amaste-me e eu não te amei.
Foste bom para comigo e eu não fui bom para contigo.
Por isso, esta minha oração arrependida.

Não te ouvi e não te levei a sério.
Pequei, sabendo que pecava.
Errei, sabendo que errava.

Quando pequei contra meus irmãos
e contra minhas irmãs,
por pensamentos, palavras e atitudes,
foi contra ti que eu pequei.

E eu sabia disso.
Eu era evangelizado.

Tem piedade de mim, mais uma vez, Senhor.
Agora, porém, dá-me a graça
de não brincar nunca mais com a tua graça.

Não quero deixar minha conversão para mais tarde
e só te amar na minha velhice.

Converte-me agora!
Antes que seja tarde!

Descansarei meu coração

Bom dia, Deus!

Do nascer ao pôr do sol,
descansarei meu coração em ti
e buscarei, ao contemplar o que tu fazes,
explicação para o meu viver,
motivação para não temer
e a direção que eu vou seguir para ter a tua paz.

Repousarei meu coração no céu
sem esquecer que o mundo exige solução.
Vou me calar para entender,
silenciar para não perder
a explicação que está no ar e em minhas mãos.

Dentro de mim teu infinito se escondeu,
pois teu amor me visitou e me escolheu.
Dentro de mim eu sei que existe a solução.
Eu só preciso é repousar meu coração!

Dá-me a graça de me arrepender

Deste-me graça sobre graça.
E eu não soube cultivar as tuas graças.
Entre elas, a de me arrepender sinceramente,
permanentemente,
de todos os meus pecados,
atos e atitudes de egoísmo,
para que eu possa viver a tua verdade,
sem máscaras nem fingimentos.

Concede-me a tua justiça,
de modo justo e coerente.

Concede-me a graça de uma consciência madura e delicada,
para não mais agir contra o que acredito ser a tua vontade.

Preciso de tua graça até mesmo para me arrepender.
E é esta a graça que te peço esta noite,
para recomeçar contigo.
Hoje mesmo e todos os dias:
– Uma vida digna de quem tanto recebeu de teu amor.

Coloca-me entre o número de teus filhos penitentes.

Faz de mim um ser humano bom,
verdadeiro e coerente.

Mais, muito mais do que tenho sido até agora!
Isto eu te peço, enquanto penso em Jesus Cristo.

Depois da fossa

És Pai e és amigo de verdade.
Agora sei, por experiência pessoal,
que ajudas a quem aceita que o ajudes.

Aquilo que experimentei dentro de mim,
não há ser humano que não experimente alguma vez na vida!
Não estava satisfeito comigo, nem com nada.
Achava-me incompreendido, isolado, marginalizado.
De repente, todos pareciam meus inimigos.
Até meus amigos pareciam indiferentes.

A boca secou e amargou, a cabeça doía e girava,
o estômago se rebelava, o sono não vinha
e eu roía pensamentos nada tranquilos.
Tinha raiva até de um grito de criança
ou de alguém que me saudasse.
Ficava furioso com quem andasse devagar no trânsito
e disputava tolamente a corrida
com quem tentasse me ultrapassar.

Eu estava no começo do estresse.
Fui procurar um irmão conselheiro
e contei o que se passava.
Apontou-me para os riscos de um desequilíbrio maior.
Mandou-me a um psicólogo amigo.
Este me fez ver que há compensações boas
e compensações negativas.

Eu não queria cair no excesso de bebida
como fazem algumas pessoas com problemas não resolvidos,
nem no excesso do cigarro,
nem no whisky, na cerveja, ou em afetos desordenados.
Não pretendia também dar uma de incapaz,
hipocondríaco, a pedir ajuda de tudo e de todos
e a inventar doenças para atrair carinho e atenção.

Então eu rezei,
rezei como nunca havia rezado,
aceitei ajuda, falei, confessei,
ouvi, assumi minha limitação e continuei a rezar.

Meu melhor psicólogo, como sempre, foi o Senhor mesmo.
Agora estou seguro de mim e de minha tarefa.
E digo aleluia! Não estou infeliz.
Não estou fazendo ninguém de muleta.
Voltei a ser eu mesmo!
Como sempre, tu foste o meu refúgio e a minha paz.
Como sempre!

Não te peço o dom das línguas

Outra vez, minha incapacidade! Quero dizer mil coisas e minha cabeça não encontra as palavras. Agora entendo os que oram em línguas. Devem entusiasmar-se tanto e ter tanto o que dizer que acabam balbuciando aqueles tons que nem eles mesmos sabem o que significam, mas que expressam seu desejo de falar sobre o mistério.

Dizer o quê, quando a gente não acha as palavras e quando a língua que a gente fala não consegue dizer o que a gente sente?

Não te peço o dom das línguas, eu que nem sequer tenho o da caridade. Quero primeiro o dom da caridade heroica, para, se um dia puder pedir algo mais, pedir o dom de saber expressar o que sinto quando estou contigo.

Sigo teu servo Paulo que nos instruía para buscarmos primeiros os dons maiores (1Cor 12,31). O que sei é que me faltam as palavras e sei que não estou conseguindo dizer tudo o que vim dizer. Se me desses o dom e se eu realmente precisasse dele, talvez eu cantasse em línguas ou as falasse. Se não o dás agora, imagino que é porque me reservas outros dons como os que já me deste. E há mais, Senhor! Imagino que para falar em línguas a gente tem que estar apto.

Oro para que me ensines a buscar os maiores dons. Quero, sobretudo, o da caridade. Este, eu sei, é o que me faz mais falta. Ainda não sei amar os outros como devo. Por isso também não sei orar como devo!

Boa noite, Deus

Aquela menina que pedia esmola na Rua XV,
aquele menino que pediu para guardar o
meu carro no Macro,
aquele outro que tremia de frio na manhã de ontem,
levaram-me a sentir dó.

Estamos perdendo esse dom.
Um mundo competitivo e voltado para a vantagem
perde o dom de sentir pena dos outros.

Mas ontem senti dó.
Dó e pena dos menores sem casa, sem família, sem ninguém.
É claro que eles têm alguém,
mas é um alguém ausente ou incompetente para cuidar
de suas jovens e frágeis vidas.

O que eu não pensei quando senti dó
é que eu, que me considero competente,
na hora de criticar os outros,
não fiz e não faço nada, além de sentir dó.

De certo modo, eles também são meus filhos.
São filhos do estado de coisas a que se reduziu nosso país.
Filhos de uma nação que não planeja o futuro de suas crianças
e que não dá condições para a maioria dos casais
criarem seus filhos com decência.
Eu brigarei por eles, quando brigar por uma verdadeira
mudança econômica e social no meu país.

Uma cidade de 60.000 menores que não tem ao menos
cinco parques não é uma cidade séria.
Não há espaço para as crianças
na maioria das cidades brasileiras.
Não há assistência, não há voluntários,
não há quem perca tempo com eles.
Por isso, eles perdem seu tempo e roubam o nosso.
Mas isso porque já roubamos o deles!

Essa noite, Pai, eu rezo por mim,
que falo bonito dos menores carentes,
mas, como os políticos e jornalistas,
acho que basta denunciar e falar.
Dá-me a coragem de fazer algo de concreto.
Como, não sei! Mas é por isso que eu rezo.
Ilumina-me para que eu saiba o que fazer.

O que falar, eu já sei!
O Senhor, porém, não precisa de tagarelas.
Precisa é de profetas que falam e que fazem!
Ilumina-me e cala minha boca.
Que eu fale menos e faça mais pelos pobres.

Caridade sem mídia

Minha prece é pelos que fazem caridade sem tocar trombeta. Entenderam! Ajudam o próximo sem chamar a mídia para registrar sua bondade. Não aceitam dar entrevistas sobre sua caridade. Apontam sempre para os outros. Nunca disseram nem nunca dirão quanto ajudam os pobres. Basta que os pobres saibam e que tu saibas!

Minha prece é pelos que não põem a mão no bolso só diante dos holofotes e não chamam a televisão para mostrar que são gente boa. Sua mão esquerda não sabe o que faz a direita (Mt 6,3)!

Que eu aprenda a não fazer marketing de minhas boas ações. Acabarei querendo aplauso por ter sido caridoso. Se o for, não terei feito mais que o meu dever (Lc 17,10).

Quero e desejo ajudar sem aparecer. Se souber fazer isso, serei realmente um coração fraterno. Os outros nunca sabem se dão testemunho de vida para falar de tua bondade ou para mostrar a sua pessoa, agora santificada!

Nunca saberão se subiram em cima do telhado (Mt 10,27) para que mais gente os ouça falar de ti ou para que mais gente veja quem está falando de ti...

Livra-me do marketing errado da fé!

Cuida de mim, ó Maria

Mulher admirável e forte,
filha fiel e sincera,
mestra da fé e da religião,
Maria de Nazaré e de José,
Mãe do filho predileto de Javé,
mãe amiga do melhor de todos os filhos,
do mais irmão de todos os irmãos!

Por causa do teu Jesus,
deixa que eu também me veja com olhar de filho
e te chame de mãe.

Se eu não enxergar direito, leva-me pela mão!
Se eu tropeçar demais, segura-me, Senhora!
Se eu teimar nos meus erros, insiste comigo!
Se for preciso, grita comigo.

Se eu não quiser me converter,
sacode-me sem violência, mas com autoridade,
como fazem as mães exigentes.
Eu ainda não achei a grande resposta
que viveste por toda a tua vida.

Só não deixes que eu me machuque,
nem que machuque a outros e outras,
nem que, cego demais pelos atrativos deste mundo,

eu troque uma vida de paz e alegrias
por uma vida de prazer a qualquer preço;
uma vida de quem serve,
por uma vida de quem usa as pessoas;
uma vida pura, ainda que cheia de lutas,
por uma vida de pecados e escolhas egoístas.

Se és quem és e estás onde estás,
fala com teu Filho e cuida de mim.
Preciso e quero me converter!

Foste e permaneceste mulher cheia de graça!
Passa-me um pouco desta graça!
Não quero outra coisa senão conhecer teu filho
e, conhecendo-o, viver como Ele viveu.

Cuida de mim, Maria catequista,
e ensina-me o caminho da fé e da esperança.
Depois de ti e do teu Jesus,
o caminho é muito mais sereno.

Pecado e graça

Um pecado sorrateiro
foi entrando em minha vida,
encontrou minha vontade combalida.

Entrou sem pedir guarida.
Parecia não ser nada...
Eu pensei que tinha forças para vencer.

Um pecado sorrateiro
foi entrando em minha vida,
qual se fosse erva daninha,
que eu pensei que controlava.

O pecado sorrateiro,
que eu pensei que controlava,
espalhou, deitou raízes,
tomou conta do meu ser.

Foi crescendo, agigantou-se,
foi minando as minhas forças.
E eu, que mandava nele,
agora não mando nada!
Quem governa o meu pecado,
que, ao crescer, se tornou um vício,
e é tão forte a sua força,
que nem combatê-lo eu quero!

Abracei o meu pecado
e não sei viver sem ele,
por mais que não goste disso!

Se existes, e eu sei que existes!
Se existes e tudo podes,
escuta minha prece!

Eu já não tenho mais forças!
Se tu não me converteres,
morrerei ao meu pecado,
ferirei os meus irmãos!...

Rendição

Mesmo que eu não queira,
converte-me, Senhor!
Mesmo que eu não peça,
converte-me, Senhor!

Mesmo se a consciência me disser
que eu não errei.
Mesmo assim tem piedade de mim,
pelas vezes que eu pequei!

Se alguém saiu ferido,
quando por minha vida passou.
Se alguém perdeu a paz,
quando meu egoísmo mais forte falou.

Se eu não soube ser irmão.
Se eu não soube ser cristão.
Perdoa-me, Senhor,
converte o meu coração.

Muda minha vida!

Não precisas da minha prece,
sou eu que preciso dela.
Não precisas das minhas palavras,
sou eu que preciso falar.
Não precisas de meus louvores,
sou eu que preciso e quero te louvar.

Conduz-me, pois, nesta prece,
para que eu saiba me comunicar contigo!

Se existes, e eu creio que existes,
se amas e eu creio que amas,
se me amas e eu creio que me amas,
então, só tu podes mudar a minha vida.

Só pelo raciocínio e pela inteligência eu não conseguirei.
Se me queres teu, força minha vontade rebelde.
Opera em mim um dos teus milagres.
Tira-me do meu pecado. Sacode o meu coração.
Faz de mim um pecador arrependido,
um filho agradecido
e um ser humano libertado e bom.
Bom como tu és bom,
não tanto quanto porque sou humano,
mas à tua maneira porque sou "homo: semelhante".
Amém.

Canção ao Deus que me conhece

Após o Salmo 139

Sábio e onisciente como és, tu me analisas e me conheces.
Nenhum dos meus atos e pensamentos escapam ao teu saber.
Sabes quando e por que me assento e me levanto.
Intuis e penetras os meus pensamentos.
Analisas detalhe por detalhe o meu jeito de andar,
de dormir e repousar,
conheces todos os meus caminhos.

Penso, e antes que a palavra me chegue à língua,
tu já sabes o que eu vou dizer.
Tu me envolves e me cercas por todos os lados,
e me proteges com as tuas mãos em concha.

É maravilhosos demais para mim
saber o quanto me conheces.
É demais para mim;
não consigo compreender tamanho amor!

Se eu quisesse fugir de ti, para onde iria?
Se fujo para os céus, lá estás.
Se fujo para o mais profundo abismo, lá estás também.
Se remo para os confins dos mares,

ainda lá sentirei tua mão e tua presença.
E quando tenho medo da escuridão que me cerca,
vejo que para ti tudo é luz,
tudo vês e a tudo assistes.

Que preciosos são os teus pensamentos!
Formaste o meu interior
e me teceste, célula por célula, no seio de minha mãe!
E eu te agradeço tudo isso,
porque de modo assombrosamente maravilhoso me criaste.

Teus gestos de carinho são mais numerosos
que os grãos de areia do deserto.

Bom dia, meu Criador.
Que bom pensar que me conheces!
Que bom sentir que me amas!

Religião e dinheiro

Ouve, Ó Deus, a minha reflexão!
É sobre dinheiro e religião.

As pessoas buscam seu sustento pelo trabalho ou pelo que consideram seu trabalho e seu talento. Por isso, fazem coisas e cobram por elas.

Vão buscar mercadorias longe e cobram por isso.

Fabricam milhões de pequenas e grandes coisas e cobram por isso.

Plantam alimentos e flores, criam animais, tiram leite e cobram por isso.

Emprestam sua força bruta e cobram por ela...

Ensinam alguma língua ou transmitem algum conhecimento e cobram por isso.

Representam algum personagem, tocam algum instrumento, cantam, escrevem, buscam notícias e as publicam, imprimem livros e fotografias, e cobram por isso.

Exibem seus talentos, sua pintura, sua música, sua dança, sua força física, seus socos e pontapés, seu jeito de brigar, seus músculos, seu corpo, sua graça, seus atributos físicos e até seus órgãos genitais em troca de dinheiro.

E há os que arrecadam e pedem dinheiro.

Os mendigos ou carentes sem nenhuma habilidade lucrativa estendem a mão e suplicam uma esmola para si. Outros passam cestos de coleta pedindo dinheiro de quem veio ouvir ou rezar junto, sempre sob a alegação de que é para a comunidade e para os outros. Mas em alguns casos fica difícil explicar a vida de alto padrão que levam...

Anunciam a palavra de Deus e, porque estão tocando alguma obra em favor dos pobres ou precisam de dinheiro para continuar divulgando sua religião, eles pedem.

Alguns até dizem quanto: querem 10% da renda dos fiéis. O dízimo. Está no Livro Santo. Então eles aplicam! Alguns fiéis dão isso e até mais. Outros acham exagero. Outros não dão nada, porque não acreditam nos líderes de sua Igreja e acham que o dinheiro da religião muitas vezes enriquece os pregadores, o que não é justo pensar, porque a maioria age com honestidade.

Religião e dinheiro não se misturam, Senhor (Mt 6,24)! Se o fiel não vê o resultado concreto de seu dinheiro, entra em crise de fé. Se desconfia da riqueza dos seus mestres, gurus, pastores e padres, entra em crise. Fica mais impressionado e venera muito mais os seus pastores pobres.

Mas entende quando vê creches, asilos, filas de pobres sendo atendidos, emissoras de rádio anunciando religião, gente sendo ajudada por sua Igreja.

Contudo, e acabo de ouvir isso, os desvios de conduta e de dinheiro continuam sendo o tema favorito dos que se decepcionaram com a religião.

Que as Igrejas prestem conta! Que os fiéis possam conferir quanto dinheiro entra ou entrou, para que vejam que sua religião não é uma fábrica de dinheiro.

Comunicação ou serviço social custam dinheiro. As religiões que comunicam ou prestam serviço precisam de dinheiro. Que seja tudo transparente!

Se não quer dar, não dê. Não vá lá onde cobram dinheiro. Mas se der, saiba a quem está ajudando. E, se tiver dúvida, mande

conferir. Mas não critique por criticar. Todo mundo precisa de dinheiro. A religião também precisa. Mas que o dinheiro das religiões seja o dinheiro mais limpo do mundo. Se queremos um país passado a limpo, que as religiões também paguem o preço, abram seus livros e mostrem suas contas.

Políticos, juízes, militares, padres e pastores devem dar o exemplo. Os religiosos mais que todos. O que sei e aprendi é que não gostas de dinheiro sujo e mentiroso. Para quem o manipula em teu nome, haverá castigo maior... (Mc 12,40). Que não nos esqueçamos disso!

Não foi e não será fácil

Deus único a quem me refiro agora na pessoa do Santo Espírito!

Uma coisa é a fé, o sonho, o ideal. Outra, a realidade. Quando escolheu seus discípulos e se revelou a eles, Jesus não se apossou de suas personalidades. Disse que te enviaria do seio da Trindade para que aprendessem a ser dele!

Eles continuaram livres e capazes de virtude ou de pecado como sempre. Isso quer dizer que não deixaram de ser humanos. Não ficaram santos da noite para o dia, só porque foram revelados. Havia um longo caminho de ascese a percorrer. A Igreja que nascia enfrentou conflitos de ordem moral, de ordem pastoral, de ordem social, de ordem teológica e de ordem ecumênica.

Havia abusos no uso do dinheiro, abusos no uso dos carismas, abuso na pregação da doutrina, abusos de comportamento sexual e familiar, abusos na prática da eucaristia, desentendimentos quanto ao projeto missionário, houve quem não queria ir com quem, quem não aceitava certo tipo de batismo, quem defendia a circuncisão de todos, mesmo dos não judeus. E havia desconfiança de algumas igrejas quanto à atuação do ex-perseguidor Paulo.

Não foi fácil dar um rumo à Igreja cheia de fé, mas humana demais. Não fosses tu a conduzi-la, a Igreja teria fracassado já naqueles dias. Era tarefa gigantesca demais para homens sem preparo, nem estudo. Mas eles tinham uma convicção: Tu, Espírito Santo, os iluminavas!

Ensina-nos a entender isso, porque se não entendermos, acabaremos indo para outras igrejas, pensando que lá não há pecado. Que fiquemos, corrigindo os nossos pecados e melhorando a nossa igreja! Amém.

No mundo sem ser do mundo

Falo a ti, chamando-te Pai.

Li, constatei e constato que não foi nem será nunca fácil para a Igreja dialogar com o mundo. Dialogar não é fácil em nenhuma circunstância, porque exige despojamento. Quem começa um diálogo com postura de vencedor, já perdeu a primeira chance de crescer!

Filosofias, interesses macroeconômicos, ideologias, enfoques políticos, milhares de grupos religiosos, formam um gigantesco mosaico de pessoas que, por uma razão ou por outra, não pensam mais como católicos. Foram para outros cantos pensar como espíritas, ateus, evangélicos ou pentecostais. Alguém os convenceu de que lá havia mais verdade. Trocaram de mãe por achar que a mãe do pregador que ouviram era mais mãe do que a sua. Alguns estão voltando ao perceber que sua mãe Igreja, afinal, não era tão ruim como a pintaram. Na hora de fazer mais um adepto tinham mel nos lábios. Na hora de aceitar do questionamento dele, destilaram seu fel contra a ovelha indócil.

Não obstante nossos limites, nossa fonte de inspiração continua sendo a Bíblia, sobretudo os evangelhos e as epístolas, o catecismo e os pronunciamentos do Papa e das conferências episcopais. É nessas fontes que encontramos motivação para dialogar com o mundo.

Nós que recebemos a catequese serena da Igreja não odiamos o mundo, nem caímos na perigosa expressão "o mundão lá fora"... Fazemos parte do mundo e estamos dentro dele, no mundo, embora sem ser do mundo e sem compactuar com ele em tudo (Jo 15,19).

Nossa mística de católicos não nos permite falar do mundo, como se não tivéssemos nada a aprender com ele. Tu amaste o mundo e de tal maneira o amaste que mandaste a ele o teu Filho bem-amado.

Se amas o mundo, nós também o amamos. Por isso queremos salvá-lo e levá-lo a conhecer o teu eterno Filho (Jo 3,16). Tira de nós o medo e a covardia. Ensina-nos a proclamar a nossa fé. Somos católicos e é um privilégio pertencer a uma igreja de tantos séculos! Efêmera ela não é! Amém.

Amar os inimigos!

Amar meus inimigos? Essa não, Deus!

Até o ponto de orar por eles, eu fui! Mas descubro no teu Evangelho que não estás satisfeito com apenas isso. Não! Propões que eu ame quem quer me destruir!

Humanamente não faz sentido, Senhor. Há de o cordeiro amar o lobo que o devora? Há de o pombo amar o caçador que o derruba? Há de o homem beijar humilde a mão que o esbofeteia?

Para meu alívio, percebo que Jesus não fez o mesmo. Quero dizer: falou com bondade para o homem que o esbofeteou e até o chamou à razão, mas não lhe deu um abraço e nenhum beijo.

E, para minha tranquilidade, também não consta nos evangelhos que tenha se ajoelhado aos pés de Judas, nem que o tenha beijado. Apenas o chamou de amigo...

Começo a entender que o perdão de Jesus era pedagógico. Era um perdão de quem não se sentia por baixo, nem humilhado, nem derrotado. Que alívio!

Também não era um perdão de quem se sentia superior. Foi, isto sim, um perdão de quem se sentia responsável por um caminho de justiça e de paz. Jesus amou seus inimigos sem dar a eles a chance de serem salientes.

Colocou Pilatos no seu devido lugar (Jo 19,11), não disse uma palavra sequer ao matreiro Herodes (Lc 23,8-10), falou com dignidade ao homem que o esbofeteou e lembrou a Judas, que ainda o considerava amigo. Mas rastejar, Jesus não rastejou.

Seus inimigos o encontraram pacífico, paciente, quieto e sem explosões de histeria, mas ali, firme, amando-os com um amor, ele educa e desencoraja novas atitudes de malícia.

É isso o que eu quero para mim. Que eu ame os meus inimigos sem ser capacho de nenhum deles. Que eles saibam que não os odeio e que não lhes quero mal nenhum. Mas que entendam que não levaram a melhor!

Ou eu creio nisso ou não creio no teu reino, onde a paz é mais forte que a guerra! E tem mais dignidade também! Que eu ame com a tua pedagogia. Amém!

Martírio a longo prazo

Eu não sabia, Senhor Deus, mas começo a entender que a tarefa de manter vivo um ideal equivale a um martírio a longo prazo.

Pode ser doce e pode ser tremendamente amargo. Tudo depende da fé e da intimidade que se tem contigo. Ao meu redor estão os exemplos e os testemunhos disso.

Manter um ideal por umas semanas, alguns meses ou até mesmo alguns anos não é tão difícil. Mantê-lo a vida toda, aconteça o que acontecer, apostar nele tempo, vida, saúde, reputação e qualquer valor que se possua e, além do mais, enquanto durar a vida, isso – eu começo a compreender – é tarefa sobre-humana. Mudar e ir embora é mais fácil. Depois, explicamos por que mudou! Quase sempre a culpa recai sobre quem dificultou nossa trajetória.

É o conforto espiritual ou material que faz tanta gente mudar de família, de igreja, de lado, de promessa. Como cremos que tens muitos colos, se um deles não está bom, trocamos de aconchego. Na verdade, escolhemos a nós mesmos.

A verdade é que sem o favor da tua graça ninguém chega íntegro e composto ao fim da meta. Releio Jesus a dizer que pela nossa paciência, vale dizer, capacidade de esperar e de sofrer, salvaremos nossas almas (Lc 21,19).

Os jovens, na sua inquieta procura, começam com inúmeros projetos e inegáveis bons propósitos, para, meses ou anos depois, rejeitarem todas as suas convicções anteriores. Moças e rapazes que eram anjos de pureza e caridade acabam raivosos e sem nenhum princípio. Do ideal dos quinze anos, para um grande número deles,

quase nada resta aos vinte e cinco. Os adultos fazem pensar, com seus amores desfeitos, seus matrimônios rompidos, suas infidelidades, suas fugas, seus divórcios, mudanças de religião - nas quais se acham mais santos - e mudanças de comportamento.

E há os sacerdotes que, depois de dez, quinze ou vinte anos, não mais conseguem manter vivo o ideal de serem virgens pelo reino. E há religiosos e religiosas que descobrem que seus votos não mais os realizam como pessoas. A consagração não tem mais sentido para eles e elas.

E há os médicos que esquecem o juramento de Hipócrates. E há os políticos que fazem alianças espúrias para sobreviver na carreira. E há os artistas que vendem o corpo para se manterem em evidência e não morrerem de fome. E há toda a multidão de pessoas que começaram com os mais santos e puros propósitos de viver um ideal, sem depois conseguir mantê-lo.

É por isso que eu oro, Senhor meu! Não sou melhor que eles. Nada me garante que amanhã não estarei entre os que mudaram ou desistiram. Nada me garante que já não esteja a caminho.

O que te peço é a humildade de recorrer à fraterna ajuda dos companheiros, para o caso de me encontrar confuso. O que te peço é a graça de perseverar até o fim nos meus propósitos, aconteça o que acontecer, doa como doer, sofra como sofrer.

O que te peço é a graça de entender que não se leva um ideal pela vida afora até o fim sem sentir o seu peso. O que preciso e desejo entender é que nenhum ideal é fácil e suave. Começa lindo, mas vai pesando com a rotina e com as barreiras.

E, como toda a estrada longa, que por mais florida que seja, por mais confortos que ofereça a suas margens, acaba cansando e trazendo a tentação dos atalhos e desvios, assim são os ideais de toda uma vida.

Eu não quero ideal fácil, Senhor. Quero, sim, um ideal que dê sentido à minha vida. Quero poder chegar ao fim, viva quantos anos viver, com a tranquilidade de quem perseverou, sem desvios, sem compensações, sem escapadas furtivas, sem fugas, sem neuroses, sem mentiras e aparências.

Deus meu, que eu conheci na juventude! O que te peço é que eu chegue à velhice ou ao fim dos meus dias, aconteça quando acontecer, com a paz de quem perseverou, mas não a qualquer preço: quero chegar inteiro e composto, como quem se machucou, mas nunca se destruiu para chegar à meta! Aleluia!

Um homem limitado

Somos um povo limitado, Senhor. Como Paulo em Romanos 7,15-21, nós também dizemos que o bem que queremos fazer nem sempre realizamos; o mal que não queremos, às vezes, acontece por nossa culpa.

Sonhamos construir a paz e nos descobrimos brutalizando-a com atitudes de violência, maledicência e raiva contra quem nos atrapalha e prejudica.

Falamos de perdão e percebemos que não queremos nem conseguimos perdoar a certas pessoas; ou, se perdoamos, perdoamos apenas em parte. Oramos todos os dias pelo pão cotidiano, pelo perdão e pela graça de resistirmos à tentação, numa profissão de fé no social, e depois damos um jeito de ignorar nossos deveres de cidadãos.

Proclamamo-nos cristãos e gente de fé, mas já titubeamos milhares de vezes. Gritamos alto que temos esperança, mas somos aqueles cristãos impacientes que querem tudo aqui e agora, não importa a que preço.

Falamos de amor e caridade, mas preferimos mais a caridadezinha de algumas esmolas que não nos pesam no bolso ao martírio e à coragem de profetizar e de lutar por uma sociedade mais justa, com direitos respeitados, e ao sol para todos. Muitos de nós temos medo de falar do social e do político. Achamos que é pecado ir à rua para pacificamente pedir que o governo cuide dos sem nada. Temos medo de pedir justiça. Então oramos nas nossas Igrejas para que desças do céu ou do céu mandes justiça, lá aonde não temos coragem de ir. Jesus foi lá, falar aos pobres e aos grandes, mas nós preferimos ficar aqui ou em nossas casas orando, de longe...

Medrosa é a nossa oração escondida e envergonhada, de quem ora pelos doentes nos hospitais, mas não vai lá visitá-los, pelos presos na cadeia, mas não os ajuda. Medrosa a de quem manda a empregada, que é pobre, levar o prato de comida aos pobres, mas o benfeitor não vai lá. Nem votar em políticos que falem em nosso nome nós votamos. Escolhemos na hora, de olho fechado, só para cumprir o dever do voto obrigatório.

Nossos bons propósitos esbarram sempre na nossa inconstância. E quando nos entregamos ao trabalho, muitas vezes descobrimos que fizemos dele um fim em si mesmo. Outras vezes descobrimos no nosso descanso a preguiça dos acomodados. Não sabemos trabalhar, não sabemos descansar, não sabemos lutar, não sabemos servir, e quando fica difícil desanimamos.

Não sabemos perdoar, não sabemos crer, não sabemos esperar, não sabemos amar, não sabemos viver o Reino que está em nós. Somos cristãos limitados, Senhor. É isto que somos. Limitados desde o nascimento. Limitados no corpo, limitados na mente, limitados na fé.

De fora e de dentro, há cercas e muros barrando nossa jornada. Queremos ir até às últimas consequências, mas basta uma enfermidade, um desentendimento, uma crise, uma incompreensão, uma barreira qualquer, e lá estamos nós, repensando nossa rota.

Às vezes é o corpo que não coopera, às vezes a mente, às vezes o coração teimoso ou medroso. Falta-nos a coragem ousada dos grandes santos, para quem o limite nunca foi barreira definitiva. Sabiam contorná-lo. O corpo doente não impediu Francisco de profetizar, Teresa de Calcutá e Irmã Dulce de servirem os pobres, João Paulo II de evangelizar multidões e Teresinha de Lisieux de profetizar pelas missões.

A prisão não silenciou Paulo de Tarso, barreira alguma desviou teus santos do propósito assumido. Da limitação fizeram catapulta e trampolim. E mergulharam no infinito, apesar de limitados.

O que te pedimos, o que te suplicamos, é que nos ensines a não estacionar a cada empecilho, à espera de alguém que remova o problema para que possamos prosseguir.

O que te pedimos é que nos conduzas adiante, depois de havermos aprendido a contornar as dificuldades, depois de haver vencido o desafio.

Que entendamos que podemos até fugir deles se isto é melhor, mas que não estacionemos, nem nos sentemos à beira do caminho, esperando que faças por nós o que podemos fazer por nós mesmos.

O mundo é grande e as possibilidades são infinitas, como tu, Pai, és infinito. Em algum lugar, de algum modo, para quem quer servir, é possível continuar a mesma obra que em alguma parte, de alguma forma, alguém tentou barrar.

Toma, pois, nossas limitações e coloca-as ao nosso lado, para que vejamos a sua verdadeira estatura: nenhuma delas é maior que nós. A força que nos deste, os valores que temos são maiores que as barreiras que devemos enfrentar.

As limitações fazem parte do nosso ser. E se não contarmos com elas, sequer conseguiremos sobreviver. Somos limitados, mas nem por isso incapazes. Podemos, devemos, queremos nos superar por amor ao teu Reino.

Toma conta de nós, Senhor! Toma conta de teu povo!

Toma conta do meu eu!

Toma conta de mim, Senhor!
Toma conta de mim,
porque, se não for o teu cuidado de Pai e Pastor,
eu certamente me destruirei.

Como criança arteira e ingênua, digo e faço coisas
que, a curto e a longo prazo,
acabam por me ferir e magoar.

Sou como esses meninos teimosos
que não devem subir no telhado, mas sobem;
que não devem brincar com objetos contundentes, mas brincam;
que não devem ir a lugares perigosos, mas vão.

E se me admoestas, ouço, mas não ligo;
se me castigas, choro e reclamo arrependido;
mas é só eu sentir que não estás perto
e volto a fazer as mesmas coisas.

Toma conta de mim, Senhor,
porque sou como criança rebelde.
Toma conta de mim,
porque não estou sabendo ser teu.

Por isso mesmo, já faz tempo que não tenho estado de bem
comigo mesmo. Mas tu que és Pai e que educas

pacientemente me devolverás ao rebanho,
à maturidade que eu já deveria ter alcançado
e à prudência de quem já sabe tomar conta de si mesmo.

E enquanto isso não acontece, mais uma vez eu te peço:
Toma conta de mim, Senhor. Toma conta do meu eu!

Eu sou contradição

Sinto-me um poço de contradições.
Quero ser perfeito, mas já cheguei a gostar
de minhas fraquezas.
Quero ser santo, mas há dias em que me agrada demais
a ideia do pecado.
Quero ser maduro, mas chego a exibir com orgulho
as minhas imaturidades.

Minha vida é como veículo em mãos irresponsáveis:
as minhas mãos!
Acelero demais; não respeito as curvas do viver.
Já passei dias sem tirar os pés do freio,
não obedeço à sinalização da ética e já cheguei a me
orgulhar de minhas infrações,
porque não fui multado no jogo da vida.

Como esses moleques irrequietos, com necessidade de
se autoafirmar, tenho usado muito mal do meu veículo.

Toma conta de mim, Senhor!
Sou ovelha que volta e meia se desgarra do rebanho,
criança que teimosamente retorna ao que é proibido,
menino que se delicia em desobedecer à ordem estabelecida,
moleque em busca de aventura e risco,
adulto que não aceita a realidade do tempo que passou.

Acho que vou precisar de tua graça pela vida inteira.
Ensina-me a entender isso...
Assim, orarei com mais humildade e tomarei mais cuidado para que minha vaidade não prejudique a minha caridade!

Orar por quem me odeia

Orar pelos meus amigos eu sei,
o que não sei é orar pelos meus inimigos!

Rezar pelos que me perseguem e caluniam!
Como é duro, Jesus!
Eu não sei se tenho forças para fazer isso a vida toda.
Uma vez é possível, duas vezes é admissível.
Mas setenta e sete vezes? Sempre? Quem consegue?

Eu tenho sangue, Senhor!
Tenho sangue que ferve!
Dói demais quando vejo que meu perdão e minha paciência
dão mais ânimo a essa gente.
Interpretam isso como fraqueza e tornam-se cruéis
e prepotentes, abusando da minha paz.

Como perdoar, se eles fazem de novo
e com muito maior safadeza?
Não obstante é isso o que me pedes.
Que eu ore pelos que me odeiam
e que recomende a ti os que me perseguem e caluniam.

Não gosto da ideia. Machuca-me terrivelmente.
Por mim eu os mandaria para o inferno e,
num exercício de libertação,
esmurraria suas bocas sujas, partindo seus dentes todos.
Faria como leio em alguns salmos!
Depois lhes pisaria em cima de seus restos com o maior prazer.

Acontece que vieste a este mundo e disseste que a solução era outra.
Por ti, fico quieto, vou embora para outro canto, controlo minha ira e perdoo.
Ódio atrai ódio e acirra novos ódios.

Se eu não acreditasse que tudo vês e que de fato és Deus, eu me sentiria estúpido e covarde. Mas eu acredito!
És trindade amorosa e perdoadora.

Porque queres e porque pedes, mas, acima de tudo,
porque tu, Filho eterno, deste o exemplo supremo
do alto daquela cruz,
eu também quero.

Só te peço uma graça, que esta sim, sinto que devo pedir, porque me conheço o suficiente:
– Ensina-me a perdoar sempre, mas de maneira inteligente!
Que aqueles que me perseguem e caluniam
acabem descobrindo que não tenho medo;
o que tenho é fé.

De perdão eu não entendo

Sua bênção, Deus!

Continuo meu discurso!
Não entendo por que propões que eu perdoe sempre.
Meu instinto continua não aceitando,
ainda que a razão se dobre à tua palavra.

Creio nas tuas razões,
mas meu instinto de revanche continua a se rebelar.

Então eu me convenço de que a tua paz me basta.
Eu não mais a teria no dia em que levantasse a voz
e os punhos contra alguém,
ou no momento em que eu deixasse meu coração
odiar a quem quer que fosse.

Não sinto a mínima vontade, mas assim mesmo eu te peço:
– Perdoa os que me tentam destruir!

Eles sabem o que estão fazendo
e também sabem o que querem;
mas seguramente não sabem o que fazem!

Cuida deles que odeiam
e de mim que te amo a ponto de não querer odiá-los.

Calei-me com tristeza

Vi o pregador mentir descaradamente na entrevista.
Escondeu o que realmente houve com ele.
Contou uma linda história de profeta sensível.
Pôs em luz negativa quem o ajudou o tempo todo.
Não podendo contestar e, sabendo que não pegaria bem, calei-me.

Também eu não sou um poço de bondade e de acertos.
Mas aprendi a não inventar lindas histórias inverídicas.

São centenas, Senhor, os pregadores que se elevam e exaltam.
E há os que passam por humildes.
E há os que garantem não ser hipócritas.
E há os que sem corar proclamam que lhes disseste coisas.
E há os que mentem para fazer adeptos
ou para vender suas obras.

Orei por eles e pedi aos meus amigos que orassem por mim.
Nós pregadores somos poços de contradição.
Amadurece-nos, Senhor.

O livro ateu

livro do ateu na estante se proclamava Manual de Ateologia. Compro muitos livros de ateus, mas este, não comprei. Bastou folheá-lo para ver suas intenções.

Imagino que muitos deixarão de crer por conta daquelas diatribes. Não foram poucos os que perderam a fé ao ler Nietzsche.

Erramos nós quando desrespeitamos os não crentes.
Erram eles quando nos desrespeitam.
Para muitos, discordar e agredir são dois verbos paralelos.
Aquele que ridiculariza as convicções dos outros mostra que se perdeu.

Aniversário

Sua bênção, Deus. Falo a ti como Trindade Santa que és.

Mais um aniversário, mais um ano de empréstimo.
Emprestas-me a vida para que eu a viva em direção do teu infinito.
Nasci porque quiseste, vivo porque queres, morrerei quando e porque queres.
Nada mais justo, portanto, que te agradeça seres quem és, tu que és eterno.

O depois não me preocupa demais. Virás quando quiseres!
Por enquanto, o que me cabe é viver, e viver bem,
sabendo que minha existência é um empréstimo,
empréstimo que deve ser devolvido com juros e cem por cento.

Por ora, contudo,
é mais um aniversário que vivo.
Obrigado pelo empréstimo, Deus.
Afinal, estou vivo porque tu vives!

Quando a gente te encontra

O que eu sei sobre ti, Deus meu? Muito pouco! Sei que quando te encontramos, aí é que precisamos continuar a procura. É como encontrar um filão de ouro. Ou continuamos cavando e buscando, ou não teremos o que procurávamos. Não basta encontrar.

O que eu sei é que quando descobrimos, continuamos descobrindo. É como aquele filão de ouro que o minerador achou, mas não se dá por satisfeito porque, atrás daquele ouro, vem mais ouro. Ele sabe que se cavar mais fundo, vai achar mais. Todo aquele que descobriu a verdade continua procurando-a. Talvez um dos sinais de que temos fé é continuarmos procurando.

É essa graça, eu peço, com a humildade que eu puder juntar dentro de mim. Não quero descansar no que encontrei. Quero mais! Quero saber mais sobre o aqui e sobre a eternidade.

É a graça que te peço. Será a minha garantia de que cheguei mais perto da verdade!

Não és apaixonado

Eu nunca tinha pensado nisso. És Filho, mas és um só Deus, e eu te vejo como uma luz infinita que me chega em três fachos, não oriundos, e sim ela mesma que para mim é tríplice, mas em si é una.

Não sei falar sobre essa verdade, Jesus. O que creio é que se te falo como Filho que está no Pai de quem tanto falaste quando estavas aqui entre nós, falo ao único Deus. Não tenho cabeça para entender esta fé. Os ateus se riem do malabarismo que fazemos para tentar explicar nossa fé. Mas eles também fazem malabarismos para explicar seu ateísmo. Também eles chegam ao impasse do teórico inexplicável.

Não eras o Pai nem o Espírito Santo, mas disseste que eras um só e único Deus. Certamente tens muito mais ainda a dizer. Depois de dois mil anos de tua presença, a humanidade continua procurando desesperadamente um colo de pai, e tudo indica que ainda não encontrou nem teu Pai, nem teu colo.

O que eu peço na minha prece é que me dês a graça de entender melhor a doutrina de um Deus que ama tanto a ponto de mandar ao mundo o filho; e de um filho que ama tanto a ponto de dar a sua vida pela humanidade. Apenas profeta obcecado com a palavra Pai? Ou filho que sabia de quem viera e para quem nos levaria?

O mundo ainda tem pessoas apaixonadas pelo reino e capazes de dar a vida por ele, assim como fizeste. Que eu aprenda contigo um pouco deste amor de quem escolhe. Não vives de impulsos. E que nunca meu amor se torne amor obcecado nem fanático. Que eu saiba as razões da minha crença! Amém!

A graça de saber precisar

Precisar eu preciso. E quem não precisa de ti, ó Deus? Sei que uma das coisas mais bonitas da vida é o amor. Há outras coisas bonitas, mas talvez não exista nada mais bonito que uma pessoa querer tanto a outra, a ponto de querer ter uma vida com ela e de a querer não para desfrutá-la, mas para fazê-la feliz. Entendo Paulo quando ele fala do amor conjugal como grande sinal do Cristo.

Existe o falso amor de quem quer tirar proveito e se casa ou procura alguém que lhe serve no momento, mas também existe o puro amor de quem procura alguém porque quer este alguém feliz. Há o amor feito de doação que também é precisar, mas é um precisar sem egoísmo.

Espiritualmente eu queria que o meu amor fosse assim, Senhor, um amor de quem precisa, mas de quem também se oferece e quer ajudar na obra da Criação e do aperfeiçoamento da humanidade.

Eu sei que eu não sei amar como devia, mas querer amar eu sempre quis. E estou pedindo, Deus meu, a graça singular de saber que preciso de ti. Sem tua graça, nenhuma vida tem graça. Concede-me, pois, dentre as muitas graças que preciso, a graça de saber que preciso. Amém.

Mataram mais um irmão

Religião bonita é a dos mártires. Entendo, Senhor, que não devemos procurar a morte. Tu, Filho, ensinaste-nos a aceitá-la, mas não a procurá-la. Os santos mártires não fugiram dela quando tiveram que escolher entre ser covardes, negar a verdade, negar-te ou morrer com dignidade de quem põe em primeiro lugar o teu Reino.

Religião bonita é a daquele que morre sem matar, como os Padres Josimo, Rodolfo Luckenbein, o Índio Simão, o Índio Marçal, Dom Romero, Irmã Dorothy Stang e tantos e tantos que aqui na América Latina e mundo afora deram a vida por causa da terra, por causa dos direitos de seu povo, por causa dos índios, por causa dos negros, por causa dos pobres, por causa dos sem-terra e dos sem-teto.

A dor continua e o martírio também. Eu te agradeço aqueles que arriscam a vida, porque disseste que ninguém tem mais amor do que aquele que dá a vida por seus amigos (Jo 15,13).

Por isso, Cristo, minha prece de hoje é por todos os mártires da tua Igreja e também pelos mártires das outras religiões e Igrejas, porque também muitos deles morreram pela fé em ti.

Por todos aqueles que deram a vida por uma causa nobre e que seriam incapazes de tirar qualquer vida; pelos que sabiam que morreriam e mesmo assim não se calaram. Por eles, a minha prece humilde e pequena. Não fosse o sangue deles, talvez a fé hoje não tivesse nenhum sentido. Seria fé até certo ponto!

Abençoa-nos, Senhor, para que tenhamos a coragem de dar a vida e abençoa-nos para que saibamos valorizar quem a deu. Amém.

Na luz da tua luz

Porque tu, Jesus, és luz; porque teu nome rima com cruz,
mas rima também com luz que nos conduz,
porque disseste que nós somos o sal da terra
e a luz do mundo,
porque brilhaste como luz do Pai nas trevas deste mundo...
porque tua palavra iluminou tantas e tantas vidas,
tantos e tantos grupos, tantas e tantas Igrejas,
eu te louvo, eu te agradeço.

Admito que não sei orar e que não tenho a unção de muitos dos meus irmãos que, quando oram, tocam profundamente o coração do povo. Mas do meu jeito pequeno eu oro e te agradeço as luzes que deste aos pregadores de religião que viveram com seriedade a sua fé.

Oro pelo papa e por todos os bispos, padres e irmãs, leigos e santos da minha Igreja, cuja vida foi iluminada, cujos atos foram iluminados e que viveram iluminando quem os encontrava.

Como velas derreteram aos poucos sem perder a luz. O que lhes vinha de dentro as sustinha.

Também te agradeço, Jesus, a luz que deste a todos aqueles que lutaram pelo povo e morreram pelo povo e as luzes que dás a todos aqueles que têm uma palavra boa e bonita para elevar os irmãos.

Creio e proclamo que és a luz do meu caminho e do caminho de tanta gente! Sou grato pelas luzes de bilhões que por aqui passaram.

Sou grato pelas luzes que me dás, mesmo quando eu não as mereço. Para mim, Senhor Jesus, teu nome é luz.

Senhora e Rainha

Falo contigo, Maria, a quem chamo de Mãe, Senhora e Rainha. Eu sei e todos aqueles que leem a Bíblia com seriedade sabem da importância do teu filho na humanidade, mas sei também da importância da tua presença materna na vida deste filho.

Se Jesus é o rei do reino dos céus, não tenho dificuldade nenhuma de chamar a mãe dele, que é a Senhora, de Rainha do reino dos céus: Mãe e Rainha!

Isso não quer dizer que eu ache que a Senhora seja mais do que Jesus, assim como a rainha no reino nem sempre é mais do que o rei. Não obstante, mesmo não governando, ela é a rainha-mãe.

Minha Igreja nasceu no tempo em que os países eram reinos e não democracias. Adotamos seu linguajar e o adaptamos à fé sem esquecer a democracia de quem se ama.

Por isso, Maria, proclamo que és mãe, humana, santificada pelo filho. Não és minha deusa, porque só creio num Deus uno e Trino. Mas aceito o mistério do Filho de Deus neste mundo e no teu ventre.

Acho que posso dizer que te amo como discípula e seguidora do teu filho, como alguém que nos leva ao filho. Estás no céu e no céu se ora! Por isso e por muito mais razões, acho bonita e forte uma religião que se lembra de ti. E dou graças ao Pai por ser católico e fazer parte de uma religião que ama a mãe de Jesus e lhe presta um culto de ternura.

Por outro lado, mãe, preocupam-me os meus irmãos que exageram, dando-te adjetivos que te superexaltam. Andam usando expressões que dão a entender que tens poder ilimitado. Neste caso serias deusa, o que não és, nem admites ser.

Esses irmãos estão errados. Acertarão enquanto te louvarem dando a ti o papel de primeira seguidora de Cristo e da cristã mais cristã que já existiu; aí sim, porque ele foi o Cristo e cristão é quem o segue.

Mas se houve alguém que conheceu Jesus e seguiu Jesus, este alguém foi a senhora. Por isso, mãe, que eu saiba o que estou dizendo quando te chamo de Senhora e Rainha. Que eu saiba falar das tuas imagens e usá-las sem confundi-las contigo. Não estás naquele gesso!

Ladainha de louvor a Maria

1. Porque foste escolhida por Deus.
   Nós te louvamos, Maria.
2. Porque soubeste responder ao seu chamado.
3. Porque permaneceste fiel ao Deus que te chamou.
4. Porque todos os dias aprofundaste o teu chamado.
5. Porque refletias sobre tua missão de mãe e de mulher.
6. Porque não deste um sim ingênuo a Deus.
7. Porque soubeste ser mulher em todos os momentos.
8. Porque foste, em teu filho, mulher libertadora.
9. Porque permaneces garantia da grandeza da mulher.
10. Porque permaneces o ponto alto da feminilidade.
11. Porque simbolizas, na Igreja, o eterno feminino.
12. Porque permaneceste cheia de graça.
13. Porque ouviste e praticaste a palavra do teu Deus.
14. Porque buscavas entender o que se passava contigo.
15. Porque amaste o teu povo de Israel.
16. Porque antes de levar Deus no ventre, já o tinha no coração.
17. Porque sabias orar e perseverar na oração.
18. Porque amaste José em todas as circunstâncias.
19. Porque, em teu ventre de virgem, a palavra se fez vida.
20. Porque soubeste ser mãe, na pobreza e na dificuldade.
21. Porque soubeste aprender com o Filho que nascia.
22. Porque aprendeste com o Filho que crescia.
23. Porque soubeste educar o Filho, no diálogo sereno e franco.
24. Porque soubeste incentivar o Filho a se manifestar ao povo.
25. Porque sabias pedir ao Filho em favor dos outros.

26. Porque entendeste a missão profética do teu Filho.
27. Porque assumiste as dores e os riscos do teu Filho.
28. Porque estavas junto e perto do teu Filho.
29. Porque assumiste o evangelho de teu Filho.
30. Porque sem ti o evangelho se desencarnaria.
31. Porque soubeste ser um dos pontos altos da criação.
32. Porque soubeste ser mãe para os discípulos de teu Filho.
33. Porque te tornaste modelo de mulher e de Igreja.
34. Porque te proclamaste e agiste como servidora do Senhor.
35. Porque soubeste ser o primeiro grande fruto da Igreja.
36. Porque assumiste o papel de mãe da Vida Nova.
37. Porque és verdadeiramente mãe de Deus e mãe dos cristãos.
38. Porque demonstras predileção pelos pequenos e oprimidos.
39. Porque assumes as cores e feições dos mais perto de Deus.
40. Porque és a pessoa humana que esteve mais perto de Deus.
41. Porque foste preservada da corrupção do pecado.
42. Porque és membro supereminente da Igreja.
43. Porque soubeste assumir a Palavra de forma consciente.
44. Porque soubeste formar, com José e Jesus, uma família feliz.
45. Porque assumiste as consequências da tua maternidade.
46. Porque não ocupaste nunca o lugar do teu Filho.
47. Porque permaneceste apontando sempre para Ele.
48. Porque és modelo completo de fidelidade a Jesus Cristo.
49. Porque, com Jesus, foste fazedora da História.
50. Porque soubeste profetizar, mesmo no silêncio.
51. Porque muitíssimos povos e religiões reveneram.
52. Porque, na Igreja, permaneces testemunha fiel de Jesus Cristo.

Por tudo isso te chamamos de mãe do Cristo e dos cristãos.

Águia pequena

Pai que governas todos os caminhos e todos os voos. Que eu saiba ser águia, ainda que pequena!

Que eu saiba abrir minhas asas e enfrentar as correntes favoráveis ou contrárias da vida.

Que eu saiba voltar ao meu ninho, como águia pequena que está aprendendo a voar. Que eu saiba ser criatura que aprendeu com outras criaturas a arte de fazer ninhos.

Que eu nunca me esqueça de que, no meio das tempestades da vida, há um ninho à minha espera.

Que eu seja águia, como meus pais foram águias e que eu voe muito alto, mas saiba de onde vim.

Ilumina meus voos, porque, se eu não souber de onde vim, terei muito mais dificuldade de saber para onde vou. Amém.

Oração por meus amigos

Bonitos e bem-feitos, bonitas e bem-feitas, nem tão bonitos, mas muito bem-feitos por dentro são os amigos e as amigas que tenho. São solteiros e casais espetaculares. Marcam minha vida pelo modo como cuidam dos seus filhos, pelo modo como cuidam dos seus pais e dos seus avós, pelo modo com que se comprometem na sociedade e pelos serviços que eles prestam ao seu povo.

Maravilhoso amor que os fez ser tão amigos de tanta gente!

Eu te agradeço, Senhor, os meus amigos e as minhas amigas, as pessoas que de fato me amam não pelo que eu pareço, não pelo que eu tenho, não pelo que dizem de mim.

Eles sabem quem eu sou e apostam na pessoa que eu sou. E eu, neles. Sei que não sou digno da maioria dos amigos que eu tenho, mas tenho um grande orgulho de ser amigo deles.

São amigos mil, são amigos meus, são anjos daqui da terra; por isso e por muitas outras razões eu te louvo, eu te agradeço e te peço que abençoes e cuides de todos e de cada um.

Eu não sou digno

Não me sinto digno e não sou digno. É pura misericórdia tua, Senhor, que eu possa me aproximar de ti. Ninguém precisa me dizer isso: meu coração percebe! Tenho mais do que mereço.

Não sou digno das graças que me dás, não sou digno de tantos favores e de tanta ajuda, e de tanta coisa boa que foste colocando no meu caminho. Foi pura misericórdia, porque, a depender de mim, eu não conseguiria ser quem hoje sou. Foste me modelando e ensinando a escolher. E mesmo assim nem sempre escolhi certo. É o drama de todos os humanos. Temos que escolher e nem sempre acertamos nos critérios. Falta-nos discernir.

Então, Deus único, acentuo agora tua paternidade e te chamo de Pai. Por todas as coisas bonitas que em mim puseste, sobretudo por Jesus, em quem desejo viver como filho que ele me ensinou a ser, meu coração agradecido te diz, obrigado.

Eu não sou digno, mas quero ser. Que a tua graça me ajude a ser cada dia mais esforçado, para merecer, ao menos, retribuir aquilo que me deste, sem que eu mereça ou peça.

Meu sonho é ser cada dia um pouco mais digno do que já sou, mesmo sem ter sido digno de tantos dons.

Ensina-me a opinar

Teu seguidor G. K. Chesterton dizia, nos inícios do século XX, que os humanos estavam praticando o suicídio do pensamento.

Concordo com ele, Cristo. Cada dia mais uma sociedade que, na propaganda política, diz que defende o nosso direito de pensar com liberdade, vai cerceando as nossas opiniões e as estrangula, a ponto de as pessoas terem medo de opinar.

Pregadores andam com medo de pregar contra o homossexualismo, contra casamentos entre pessoas do mesmo sexo, contra o aborto, contra novelas abusivas, contra o uso indiscriminado da pílula, contra as drogas, contra os traficantes, contra os pecados veiculados em plena luz do dia, contra os abusos da imagem, do prazer, a ostentação do luxo que ofende, o consumismo desenfreado, a descriminalização da maconha, o salário aviltado, o trabalho escravo, o tráfico de órgão, a prostituição infantil, os conchavos e conluios no Congresso à revelia dos eleitores.

Andamos com medo de opinar contra as novas Sodomas e Gomorras do mundo. Muitos, para não terem que bater de frente com governos e poderes econômicos, combatem os diabos do inferno e atribuem a algum demônio o que é maldade nacional, daqui mesmo, perpetrada por grupos com endereço no Congresso e na Internet. Não é o diabo que assina leis permitindo aborto ou a morte de anencéfalos. Não é o diabo que faz campanha para descriminalizar o uso de drogas. Não é o diabo que faz melar e acabar em pizza os mensalões e outros desvios colossais de verbas do povo. São pessoas a quem interessa permitir o que lhes convém e proibir o que as incomoda.

Esses dias, Senhor, mais uma vez alguém tentou cercear a liberdade de imprensa e o uso de crucifixos em salas públicas. Mas em passeatas de milhões de participantes desfilam jovens nus e ninguém vai preso por atentado ao pudor. Podem mostrar corpos nus ou em lingeries sumárias em desfiles, podem mostrar cenas de alcovas a qualquer hora, mas não se pode, em nome da democracia, pôr uma cruz em lugares do Estado quando o Estado nasceu à sombra da cruz e até chamou-se Vera Cruz. Querem não ser obrigados a ver imagens de ti crucificado, mas aceitam passivamente que crianças vejam casais nus na cama e dentro da casa deles, porque a sedução vai visitá-los em casa. Depois, usam de filigranas do Direito para justificar por que pessoas podem ficar nuas e expor-se na televisão e nas ruas; mas Jesus nu e torturado numa cruz não pode ser visto numa sala de aula.

A quem querem enganar? É claro que o povo não votaria contra. Nem mesmo os evangélicos que não usam imagens em seus cultos, mas que não aceitam isso, porque amanhã também será proibido ler a Bíblia em público, sob o pretexto de que feriria ouvidos de outros credos.

Penso no meu país onde os pregadores estão cada dia mais medrosos e mais melosos, e o que deveriam combater não combatem. Em vez de combater os hospitais com filas homéricas e esperas inconcebíveis, transformam seus templos em salas de milagres. Poderiam gastar meia hora alertando contra o iníquo sistema de preços para a saúde, a insuficiência de verbas e outra meia hora curando e orando por milagres. Mas silenciam contra os "demônios do preço alto", enquanto expulsam demônios da dengue, da diarreia e da cefaleia, doenças que nada têm de demônio

e que seriam bem mais fáceis de curar, se não faltassem remédios nos hospitais e se não houvesse as intermináveis filas à espera de uma receita.

Quanto a mim, ensina-me a opinar. Se tiver que pagar o preço de opinar, pensarei em ti. Tu opinavas! E assumias o que dizias!

Ilumina-me

Sim, Deus, falo a ti que és Pai.

Porque tu disseste de muitas maneiras, através dos profetas e através do teu filho Jesus, que a tua luz estaria conosco, por ele era um só Deus contigo!

Sim, Jesus, porque tu disseste que nós somos luzes e que tu és a luz do mundo, e porque disseste do teu jeito exigente que nós todos somos chamados a iluminar, eis a minha prece!

Bonita a tua palavra que diz que uma cidade não pode ser escondida, quando ela está sobre um monte; que ninguém acende uma luz para escondê-la debaixo de um balaio. Acende-se para que seja vista ou ilumine.

E foste tu Jesus que disseste: "Brilhe a vossa luz diante dos homens". Então, sem medo de perder a humildade, eu te peço que me tornes pessoa iluminada. Que eu seja iluminado e iluminador, perdoado e perdoador, abençoado e abençoador.

Que eu seja como a lua que não tem luz própria, mas que mesmo não a tendo, todas as noites manda para terra a luz que ela ganha do sol.

Que eu, pequena lua, mande para o meu povo a luz que tu me mandas.

E então sim eu serei pessoa iluminada. Só é verdadeiramente iluminado aquele que não guarda a luz para si mesmo! Amém.

Antes do Pai-nosso

Na tua misericórdia e na tua bondade eu sei que tu ouves tudo o que dizemos. Sei que me ouves e que te importas com meus irmãos e com o destino da humanidade. Sei, Jesus, que prometeste estar junto do Pai e para lá nos levarias.

Os evangelizadores de hoje – e eu sou um deles – buscam luzes na tua palavra para poderem anunciar, de um jeito moderno, agora, aquilo que querias que anunciássemos.

Por isso, Senhor, põe no meu coração palavras de sabedoria de quem entende o que está dizendo e de onde buscou sua fonte.

Põe em mim um grande amor pela tua palavra, pela Palavra que vem do Pai, e põe em mim um senso de oração muito grande, para que, quando eu orar, não sejam palavras da boca para fora, mas sejam palavras do coração.

Que meu povo seja assim também. Que nossas orações sejam frutos de uma vida, e não papel carbono e repetições automáticas de quem não entende o que está dizendo.

Sejas bendito Jesus que nos ensinas todos os dias o Pai-nosso dos evangelizadores.

Sopro santo da paz

Não eras e não és um sopro. Não quero confundir o sinal com a Pessoa. Não és fogo, não és vento, não és chuva, não és pomba nem sopro. Como não tinhas rosto humano, fizeste uso de sinais para mostrar tua presença. Mas não eras e não és aquilo.

Quando vejo pombas na televisão de pentecostais e na nossa, quando vejo desenhos do Pai como velho de barbas e tu sobre uma cruz como pomba, pergunto-me se estamos entendendo a adoração que te prestamos, Deus único que és, mas a nós manifestado aos poucos.

Falo a ti, Deus único que te revelas também Espírito Santo. Jesus disse que o Deus único se manifestaria como Espírito Santo para completar sua obra. Nada entendo dessas coisas, mas sei que és o Deus Trindade que pedagogicamente vai revelando aos poucos a tua essência que jamais compreenderemos plenamente. Não aqui neste mundo. Espero que a entendamos melhor depois da morte quando estaremos em ti.

Nem sei o que significa quando te peço que toques meu coração. Eu também não sei falar do vento, nem posso vê-lo, mas sei que o vento atua quando ele sopra na copa dos pinheiros. Eu também não vejo as ondas do rádio, mas eu as ouço. Eu não te vejo, Espírito Santo, mas eu sinto quando sopras. Não és vento no meu rosto: és calma para minha alma, és calor para meu frio, és sentido para meus sentidos. Sinto quando estás presente em alguma pessoa e percebo quando ages. Nem sempre entendo, mas sei que às vezes só pode ser tua presença.

Não, eu não preciso ver-te. Nem preciso sentir-te para afirmar que ages. Não me governo só pelo que sinto. O que eu preciso é perceber-te. Não preciso ver as ondas de rádio, o que preciso é sintonizar; não preciso ver o vento, o que eu preciso é valer-me do seu sopro.

Assim sendo, ensina-me a viver em ti, no Filho e no Pai, mesmo que não entenda a Trindade de pessoas que és. Não vens em vão. Tem de haver um fruto. Mas só vai haver se eu souber acolhê-lo. Ensina-me, pois, a te acolher, Santo Espírito. E, então, serei melhor que sou. Terei ampliado minha compreensão.

Dimensões da fé

Acabo de ler Paulo aos Efésios. Atribuem esta carta a Paulo, Senhor, mas quem quer que a tenha escrito me encheu de teologia. O apóstolo deseja que para os efésios entenderem a caridade, terão que primeiro mergulhar nas dimensões da unção do Cristo (Ef 3,18).

Terão que aprender a ler a altura, a profundidade, a largura e o comprimento, e só depois poderão compreender a caridade. Primeiro o conhecimento e depois o entendimento... Segundo ele, a caridade é dom para quem entendeu o que conheceu. O Santo Espírito completa a obra do Pai e do Filho e chega-se à plenitude da revelação, que é Cristo para o Universo e para todos, não sem que primeiro nossas igrejas tenham assimilado a amplitude do mistério do Cristo entre nós.

Não dá para sair por aí proclamando tua caridade sem primeiro conhecer tua claridade! Não pode haver entendimento sem o mínimo de conhecimento. E é isso que Paulo deseja aos efésios. Um dia então os efésios descobririam as riquezas da fé e receberiam capacidade tal de amar que este amor superaria tudo o que já sabiam sobre o Cristo. Seriam pessoas capazes de descortinar a vida. Já não haveria mais véus a prejudicar nossa visão de Deus no mundo e do mundo em Deus.

Gostei da teologia da completude! Vem depois da teologia da quietude e da atitude.

Enquanto isso, peço que me eduques para querer saber mais e estudar com mais afinco esses mistérios. Não quero sair por aí repetindo o que não aprofundei!

Cantor da fé

Deste-me a graça feliz de poder ser um dos teus cantores religiosos. Deste-me inspirações e dons e, com eles, a chance de poder ajudar milhares de irmãos com o meu canto e os proventos do meu canto. Deste-me também cultura e capacidade para entender o alcance de uma canção.

Ela é o que é: apenas uma canção. Minha canção não me faz melhor que os outros pregadores e cantores, nem me faz mais santo, nem mais perfeito que ninguém. Talvez um pouco mais conhecido, mas ser mais divulgado e poder cantar para muita gente não me fazem ser mais sábio, mais santo e melhor.

E é por isso que nessa prece de cantor religioso eu te peço, enquanto falo ao meu povo da canção religiosa, a graça de saber cantar e orar cantando; a graça de saber pregar, porque só pela razão e inteligência ninguém conhece o céu.

Se podes – e eu sei que podes –, se queres – e eu sei que queres –, põe em mim a tua unção, para que, quando eu cantar, bem ou mal, mas com esforço, minha canção chegue ao coração do meu povo e o ajude a pensar em ti. Seja como queres e se possível como te peço!

Olhares

Oro hoje pelas mães e por seus bebês. Que cena bonita a daquela mãezinha de 22 anos, apaixonada e encantada pelo seu bebê, a brincar com ele numa confeitaria.

Que cena encantadora a dela, deixando-se lambuzar de chocolate pelo seu nenê; mãe apaixonada que olhava apaixonada a criança que nasceu de seu ventre, enquanto as duas se lambuzavam e faziam festa.

O céu não é assim: é melhor que isso, mas mães e bebês em festa são prelúdio de céu.

Que o mundo conheça mais dessas mães e desses pais que educam os seus filhos para a festa da vida e, na hora certa, quando tiver que ser a hora, proibirão.

Felizes as mães que sabem contemplar o olhar de seus filhos. Felizes os filhos que têm olhar de mãe a contemplá-los. Não pode crescer errado um filho que cresce sob o olhar contemplativo de mãe e chega à adolescência e à juventude recebendo o olhar contemplativo dos seus pais.

Benditos olhares apaixonados de mãe e de pai e de filhos. Depois do teu olhar, duvido que exista olhar mais bonito que o de mãe e de filho em festa.

Oro por aquela mãezinha. Que dê certo a sua maternidade. Amém!

Graça sobre graça

Diz teu santo livro que Jacó brigou contigo. Teimoso, ficou lá, brigando com teu anjo, a noite inteira. Foi ferido na coxa, e não deixou que o anjo fosse embora enquanto ele não recebesse a bênção que buscava (Gn 32,23-33).

E eu medito esses acontecimentos, querendo saber o que o autor quis dizer com aquela história. Se bem entendo, o livro ensinava que os humanos, para serem alguém, precisam lutar até à exaustão. Então a bênção do céu vem depois da luta que travamos para sermos bons. Não há caminhos fáceis. Se forem, serão falsos. Há que se trabalhar com o talento recebido. Tua graça nunca vem sem um antes ou um depois da nossa parte.

Bem, algum nos vem de mão beijada, nem de brincadeirinha. Não desperdiças as tuas pérolas. Há uma parte no processo de lapidação do diamante da vida que é nossa. Não fazes e não farás tudo por nós.

Simbolicamente aquela luta de Jacó a noite inteira, para ser abençoado, e o ferimento na coxa lembravam que o homem para caminhar direito precisa da própria honra e do teu amor.

Dá-me, pois, a coragem de Jacó de lutar para ser abençoado e de me esforçar para receber a tua bênção, ainda que não a mereça. Dá-me também a capacidade de entender, nas minhas vigílias e noites de oração e de trabalho, que tua graça supõe trabalho duro. Que eu não cultive o fácil nem o superficial.

Me fez feliz

O que eu sei desta vida é que és o autor da minha alegria. O que sei é que uma religião triste é uma triste religião. O que eu sei é que se a minha religião de vez em quando não me faz dançar e pular de festa e de contentamento, não estou vivendo corretamente a minha fé. Se pular demais, também não!

Para que ter fé, se é para andar cabisbaixo e triste? A fé é para nos tirar da tristeza. E quando vier a tristeza é para ajudar a vivê-la naquele momento, mas também é para tirar o quanto antes o nosso coração dessa dor e dessa depressão.

Para que ter fé se for para bater palmas e pular o tempo todo quando a hora é de chorar junto e de pedir perdão?

Entre o Tabor e o Calvário, entre a cruz e a ressurreição, quero viver a minha fé, que deve rimar com alegria, com esperança e consolo.

Por isso, Deus santo, dá-me a graça de saber ser feliz até no sofrimento e na ingratidão dos outros. Mais que isso, ensina-me a fazer os outros felizes.

Ecumênicos

O ecumenismo, Senhor Jesus, é o teu sonho e era teu desejo. Não obrigaste ninguém a te seguir. Deste liberdade para irem embora ou aderirem, mas, se aderissem, não os querias correndo atrás de riquezas. Os teus teriam de ser simples como as pombas e espertos como serpentes. E não deveriam acumular tesouros, nem a pretexto de fé devorar os bens das viúvas... Ai daqueles que arrancassem dinheiro dos pobres a pretexto de coletar o dízimo... (Mc 12,40).

Que todos fossem um. Querias que os teus fossem pobres e unidos. E não hesitaste em elogiar pessoas de outra fé que mostravam possuir os valores básicos da vida.

Acho que entendo o que querias dizer. Não querias que todo o mundo falasse, orasse, cuspisse, andasse e piscasse do mesmo jeito. Querias que as pessoas, mesmo tendo ângulos diferentes, conseguissem caminhar juntas. Foi assim com os teus discípulos. Eles eram diferentes um do outro e reagiam de maneira diferente. Conseguiste aproximá-los para que cada um, com o seu jeito e com o seu temperamento, dialogasse e caminhasse junto aos demais.

Quando vieram as diferenças e já estavas de volta no céu, eles souberam administrá-las, mesmo pensando diferente. Concede-me, pois, Senhor Jesus, a graça de ser verdadeiramente ecumênico, de ver beleza na minha Igreja e não a trair jamais, nem a ela nem aos irmãos que me formaram para ela.

Não trocaria de mãe. Mas dá-me a capacidade de ver beleza nas outras Igrejas e respeitar os meus irmãos de outros grupos e movimentos de fé.

Daqui do meu ângulo da fé e eles do ângulo da sua fé, quem sabe, um dia, seremos capazes de caminhar juntos, apesar de nossos ângulos, porque a visão pode ser um pouco diferente, mas a cachoeira é a mesma.

Eu, Senhor Jesus, quero dizer, todas as vezes que eu encontrar algum irmão, a mesma coisa que ele diz: "Queremos crescer em ti".

Ensina-me a falar de ti

Fizeste-me pregador das tuas verdades. Não me ofereci. Foste me chamando aos poucos e, como Jeremias, quando vi, já estava encantado e querendo sem querer. Colocaste em mim essa vocação de anunciar o teu reino e levar a tua Boa-nova. Naquele tempo eu pensava nos pobres e nos países africanos. Iria para lá... Nunca fui, exceto de passagem. Quiseste-me pôr aqui por voz de meus irmãos em exercício de liderança. Decidiram que eu não seria doutor, mas há livros a toneladas nas grandes livrarias. Estudei e estudo para saber o que dizer, até porque a catequese é dinâmica. Tudo tem de ser reaprendido e reavaliado, porque as linguagens do mundo mudam a cada década.

Eu era adolescente e não tinha a menor noção do que estavas querendo. O que sei é que eu queria pregar. Mas aprendi na dura lide que a pregação exige renúncias e sacrifícios, estudos, paciência, aprendizado, muita e muita leitura, muito e muito ouvir o teu povo. Supõe a coragem de tomar posições quando o que está em risco é a doutrina. Supõe a humildade de corrigir o que as autoridades consideram errado. Supõe, ainda, adquirir sabedoria que vem dos escritores e pensadores, acender minha tocha na tocha deles e, evidentemente, adquirir sabedoria que vem do povo. Eu não sabia disso!

Mas à medida que passava o tempo, descobri que para pregar o meu minissermão de todos os dias, a qualquer lugar que eu vá, tenho de beber da fonte e fazer silêncio de quem estuda e medita. Só depois terei o que dizer.

Por isso, ensina-me a orar e ler todos os dias, de manhã, de tarde e de noite, para chegar a essa sabedoria. Quero isso para mim: saber falar contigo, para depois saber falar de ti aos outros...

Falo contigo, Francisco

Francisco de Assis, agora Francisco do céu.
Meus irmãos de outra fé não falariam contigo. Eles têm outro conceito de céu e de salvação. Aceitam aqui na terra interceder e orar por seus irmãos de igreja, em longas noites e vigílias de prece pela televisão, mas não aceitam que peçamos aos do céu que orem por nós e conosco. Para eles, o depois imediato da vida não é o mesmo que é para nós.

Meus irmãos de outra fé cristã não creem que vocês que receberam o selo de aprovação, por isso sancionados santos e selados na fé, possam ajudar-nos porque, segundo muitos deles, os santificados por Jesus ainda dormem à espera do grande dia. Até a mãe de Jesus, alguns deles, mais radicais, dizem que ainda não está no céu. É a fé na última trombeta. Eu creio na misericórdia que não depende de data... Com os católicos, creio que para vocês já houve o grande dia. O céu tem bilhões de salvos pelo sangue do Salvador. Seu sangue não foi em vão e sua misericórdia não dependerá nem do último dia, nem do toque da última trombeta para levar alguém à plenitude (1Ts 4,16). Eu creio no "virei e levarei!" (Jo 14,3). Creio no "faremos nele nossa habitação" (Jo 14,2; Jo 14,23). E creio em Efésios 3,17-21, Deus pode mais que imaginamos e fará por nós, em Cristo, mais que ousamos pedir. Quem estiver errado saberá no dia do seu último suspiro.

Mas tu, Francisco, lá no céu, onde estás com teus companheiros adorando a Trindade Santa, sei que estás vivo e me ouves. E sei que agora oras ainda melhor que oravas aqui na terra. Gozas da visão beatífica. Agora entendes melhor o que é estar com Deus.

Por isso, Francisco, quero saber falar das coisas do céu, como sabias. Quero saber buscar como buscavas. Que eu saiba ser poeta como eras, enquanto me é dada esta vida. Quero aprender a prezar os valores da pobreza e da humildade. Não como tu, porque foste grande na pequenez. Mas quero este desprendimento. Só não cederei se desafiarem meu sacerdócio. Como Paulo, direi que eu também sou apóstolo com igual direito ao respeito de meu povo a quem eu também devo respeitar.

Enfim, Francisco, quero, como o teu, um coração apaixonado por Jesus. No céu se ora. Lá, podes pedir por mim. Fala, pois, com o Cristo, que conheces melhor que eu, como fazias na terra. Intercede por mim ao grande intercessor, porque diferentemente de outros cristãos, eu às vezes preciso de quem me leve a Jesus. Não tenho pretensão de orar melhor que vocês do céu. Aceito ajuda. Não sei sobre Jesus o que penso que sei.

Estamos precisando de outra revolução espiritual, como a que tu e teus companheiros protagonizaram com Clara e suas companheiras. Oremos juntos, Francisco, ontem de Assis e, hoje, do céu!

Como filho que foi embora

Falo contigo, Jesus.

Uma de tuas parábolas mais impressionantes é a história do filho que foi embora. Repito-a de mil maneiras. E cada vez aprendo mais sobre compaixão e pedagogia. Preciso desta fé para entender meus erros e minhas chances.

Literalmente, o que disseste é que um filho pode ir embora e até deixar de ser filho, mas o pai que fica nunca deixa de ser pai. E, quando o filho volta arrependido e querendo de novo ser filho, vai achar um pai que nunca deixou de ser pai.

Ensinaste que não devemos deixar-nos levar pela idolatria da liberdade a qualquer preço e que o ser humano não tem o direito de fazer o que bem entende de sua vida, porque acabará fazendo o que não entende.

A vida supõe disciplina e carrega limites. Todo filho deve obediência, como todo pai deve amor. Por isso, Senhor, ensina-me a disciplinar a minha vida e a não fazer tudo o que eu quero, mas a fazer o que eu devo e proibir-me o que devo me proibir.

Que eu descubra que o maior dom da vida é o dom de amar! Que o amor é livre, mas compromete! Quero uma liberdade comprometida e um amor de quem se sacrifica. Não quero liberdade total. Não saberia o que fazer com ela. Aviões precisam de pilotos, inclusive os teleguiados.

Quero liberdade e quero disciplina para servir direito e pensar mais nos outros do que em mim. Mentiria se dissesse que já sou livre.

Governa-me, Senhor!

Oração pelos ateus

Ouço dizer que há catecismos de ateísmo. Há ateus ensinando o leitor a ser ateu. Ouço dizer que há partidos dedicados ao prazer, ao ateísmo e ao controle do dinheiro, mas não a controle das paixões. Ouço dizer que ateus se organizam em religiões sem Deus para combater os excessos dos crentes triunfalistas.

Minha prece desta noite é por meus irmãos ateus, inclusive os que nos escolheram por inimigos e lutam pelo fim das igrejas. Penso particularmente no Jonas, que não acredita porque não quer acreditar. O caso dele é de birra contra as religiões e contra o que elas ensinam. Ele nem percebe que não é ateu, e sim revoltado contra o Deus de alguns pregadores que ele ouviu. O Jonas não tem teoria suficiente nem para ser ateu, da mesma forma que muitos pregadores não têm doutrina suficiente para pregarem a fé em ti. A mágoa dele é contra o catolicismo que não o deixou casar-se de novo e contra a igreja pentecostal que levou para lá sua filha e a fanatizou.

Há os que não acreditam porque não conseguem acreditar. Há os que acham que não existes, porque na lógica deles não cabe um Deus que não faz o que eles imaginam que um Deus deveria fazer.

Oro por meus irmãos daqui do vale, que acham que depois daquela montanha não existe mais nada. Minha prece não é a de quem ridiculariza, mas de quem respeita. Eu também poderia ter-me tornado um ateu, se os sofrimentos da doença de minha mãe e da perda de meu pai, quando era menino ainda, tivessem me atingido com a violência que atingem alguns que perderam algum amor na mesma situação.

Eu podia ter-me tornado ateu por mil razões nesta vida. Mas deste-me a graça de superar os sofrimentos e as dificuldades, porque tinha gente de fé ao meu lado. Consegui aceitar. Outros não conseguiram.

Por isso agradeço aqueles que no sofrimento te encontram. Mas oro pelos que não te encontraram e não aceitam ouvir que os amas.

Minha prece é pelos ateus, muitos dos quais têm um coração fraterno e, a seu modo, não conseguindo viver a fé, vivem o amor. Que eles, que não foram recompensados com o dom da fé e que não puderam te aceitar até agora, sintam-se compensados com o dom do amor.

Penso no Zé Antunes da Farmácia do Povo, que se declara ateu e que muitas vezes me telefona e me encontra para falar do Deus em quem eu creio e no qual ele não crê. Penso no taxista que me levou por duas horas e expôs suas razões de descrença, mas ouviu com respeito minhas razões de crença. Eles são bons, Deus. Quero pensar que serão salvos pela misericórdia que vivem.

Que eu não me esqueça disso. Não tens rosto, mas podemos ser e somos o teu gesto!...

Ora por mim, Maria

Porque Jesus te deu por mãe a João, eu me reservo a ousadia de também te chamar de mãe. Afinal sou discípulo de Jesus! Não sou dos melhores, mas sou!

Então, mãe de Jesus, que tanta ternura tinhas por teu filho e agora no céu continuas orando e levando as pessoas a ele, olha na minha direção.

Eu sei que não fazes milagres por teu próprio poder. Só Deus tem o poder de fazer milagres. O Cristo, que é teu filho, delegou esse poder aos apóstolos, mas deveriam sempre o invocar. Acho impossível que ele tenha dado tal poder aos discípulos e negado à sua mãe. Se mandou batizar e deu poder sobre demônios e enfermidades a eles, deu a ti. Não está na Bíblia, nem precisa estar. Vai contra toda a lógica do amor imaginar que ele tenha negado à mãe o poder que deu a seus discípulos. Se os doze podiam, tu podias. As Bodas de Caná são apenas um exemplo com significado mais profundo do que aquela narrativa.

Eu creio e sei que sabes e podes orar junto a Jesus. Então, Maria, ora por mim, enquanto eu vou por aqui, na minha vida, contando e cantando histórias a teu respeito.

Quero que o mundo te conheça enquanto conhece teu Filho. E agradeço muito ter nascido e crescido na Igreja Católica, onde tu és muito amada e muito elogiada. Obrigado porque sou católico e porque aprendi o teu lugar na vida do Cristo e na minha vida.

Há uma mulher muito especial no céu, salva pelo Filho que Deus lhe concedeu. E lá ela ora por todos nós. Esta mulher és tu Maria. Sei que não és deusa, mas sei o quanto és importante na vida de um seguidor de Jesus.

Ensina-me a falar de ti e a ti sem exagero. Nem demais e nem de menos. Tu podes! Tu sabes!

Utopia

Eles existem, Senhor Deus!

Pais, mães, mulheres e homens, famílias maravilhosas.

A gente é que, no pessimismo das notícias de televisão e de jornal, começa a pensar que o mundo está perdido. Ir mal ainda não é estar perdido!

Os noticiários não gastam muito tempo com os casais que se amam, com quem cuida das crianças dos outros, com as famílias apaixonadas que encantam a vizinhança. Falam delas por um minuto e dão dez a quinze minutos para paixões assassinas e assaltos a joalherias.

Da minha parte quero entender e divulgar utopias que dão certo. Agradeço-te minha família que não era e não é a mais perfeita, meu pai que já conheci paralítico e as lições que ele me passou.

Lá no céu, onde sei que ele está agora, agradeço tudo o que, mesmo enfermo, seu Fernando fez por mim.

Imagino minha mãe perto dele e, agora, os dois contigo, relembrando as histórias do passado, escutando-me aqui, enquanto falo com quem os criou e salvou.

Bonita utopia, bonita foi a nossa vida... Louvo-te pelos meus pais. Eu os tive, eles foram bons e viveram e morreram pensando nos filhos. Valeu!

Orando com os jovens

Dirijo-me a ti, Filho eterno. Há dias em que não consigo orar. Há dias em que não quero. É por isso que admito que ainda não sei orar e que às vezes não quero te procurar!

Não aprendi o que Teresa d'Ávila, na sua sabedoria de religiosa e de filósofa, aprendeu nos seus anos de aridez espiritual. Quando o coração não se emociona, a mente precisa vir em seu socorro. Como Paulo, preciso saber em quem acreditei e que sua graça em mim produziu frutos (1Cor 15,1).

Orar como quem sabe orar, pensar como quem sabe pensar e amar como quem sabe amar! É o que eu quero dar aos jovens, mas nem sempre consigo. Como é que eu quero que eles aprendam se nem eu aprendi?

Contudo é o meu sonho. Orar ainda que sem vontade, mas orar! Entender que oração não é só emoção: é também de intelecto; saber em quem acredito, mesmo sem sentir festa na alma.

Por isso, Senhor Jesus, que te importas comigo e com essa geração nova que vem após a da minha idade, educa-nos para a prece. Estamos indo para a eternidade em dez ou vinte anos. Eles têm mais de meio século pela frente.

Põe em mim palavras de sabedoria, para que eu saiba compor canções, falar coisas que toquem seus corações e para que eles possam, com sua alegria e seu jeito gárrulo de ser, trazer um novo alento ao mundo e modificá-lo, criando famílias serenas, sendo eles mesmos serenos e seguros de si.

Pelos jovens que descobriram a oração, a minha prece de hoje! O mundo ainda tem chance... Nossos jovens estão falando contigo!

Evangeliza-me, Senhor

Começo pedindo ajuda!
Que eu saiba viver o meu tempo e tua graça!
Que eu saiba viver em ternura!
Que eu saiba viver em sintonia.
Que eu não tenha medo de falar e decidir.

Que eu saiba acolher-te, ó Trindade Santa, um só Deus.
Confesso que não sei discorrer sobre ti.
Duvido que alguém o saiba em plenitude e sem erro nenhum.
É que somos limitados.
Vemos tudo por um ângulo, mas sem a devida perspectiva.

Dá-me, pois, a humildade de saber que ainda não sei o suficiente.
Evangeliza-me para que eu saiba evangelizar.

Conversando com Maria

Saúdo-te, Senhora, mãe de Jesus e nossa!
Saúdo-te, crendo que estás no céu.
Saúdo-te, lembrando que estar perto de ti é estar perto de Jesus.
Nunca estiveste longe dele.

Saúdo-te porque sei que podes interceder e intercedes junto a Jesus.

Quando falas com o Pai, falas em nome do Filho que ele te deu. A diferença entre a senhora e nós, pregadores da fé em Jesus e intercessores deste mundo, é enorme. É que quando falamos com o Pai, dizemos: "Em nome de Jesus, ó Pai, concede-nos esta graça..." Foi Jesus quem mandou orar assim!

Mas quando oras provavelmente dizes: "Pai, em nome do nosso filho Jesus, concede-lhes esta graça". Nós podemos dizer: "vosso filho". Tu podes dizer: "nosso filho".

A diferença é total! Por isso mãe, assim como eu posso interceder pelos outros aqui na terra usando seu nome em nome de Jesus; assim como os pastores de outras igrejas, no rádio e na televisão, intercedem em nome de Jesus, tu que és mais do que discípula intercedes no céu e o fazes melhor que nós, que ainda pecamos. Se aqui na terra nós oramos pelos nossos, lá no céu podes e fazes o mesmo!

Ora por mim, para que eu me converta e me torne pessoa sensata ao pregar a fé em teu Filho. Liberta-me dos exageros de crente cristão deslumbrado. Ser humano algum amou Jesus mais que tu, mãe. Que eu não esqueça esta verdade.

É por isso que te chamo de intercessora. Se o único intercessor junto do Pai é Jesus, podemos ser intercessores junto a Jesus e em nome de Jesus. Leio na Bíblia que Jesus mandou falar ao pai em nome dele. Mandou que usássemos seu nome! Se nós podemos, tu podes mais. Se nos achamos salvos aqui na terra, estás muito mais salva do que nós.

Ora comigo, Mãe do Cristo! Não sabemos o que sabes!

Irmãos separados

Que pena que sejamos tão pouco irmãos e tão separados. Que pena que nos comportemos apenas como filhos de outras mães. Temos o mesmo pai, mas não a mesma mãe-igreja. E, ainda por cima, vivemos tentando convencer o outro a deixar a sua mãe e vir ser filho da nossa... Temos sempre um elogio para a nossa mãe-igreja e achamos sempre um defeito irreparável na mãe-igreja dos nossos meios-irmãos...

Que pena que nós, que dizemos que te amamos e usamos pomposamente o nome de cristãos católicos, protestantes, evangélicos, luteranos, pentecostais, batistas, universais..., enchemos a boca e acentuamos o discurso para divulgar o nome da nossa Igreja, mas não somos capazes de repartir o pão e de orar juntos no mesmo lugar. Nem somos capazes de nos juntarmos num estádio para louvar o Senhor.

É tudo separado, às vezes em franca competição para ver quem enche mais os seus templos. Alguns pregadores chegam a desafiar, pela televisão ou artigos, quem pode mostrar mais milagres e resultados que sua igreja. Somos tremendamente infantis nos nossos marketings da fé à procura de adeptos e irremediavelmente tolos quando esquecemos o princípio básico de nossas igrejas: o diálogo e a fraternidade.

Cada um de seu jeito vai ao rádio, compra emissoras e televisão, aluga espaço, pede ajuda do povo e, lá, fala mal da Igreja do outro. É dinheiro arrecadado para dizer que o outro tem menos Jesus... E sabemos de cor e salteado os versículos que nos favorecem. Por conta disso, há famílias e fiéis que não mais se visitam. A conversão rimou com separação.

Que pena, Senhor Jesus, que não somos capazes de tomar um café juntos. Que pena que às vezes um padre e um pastor passam perto vestidos a lembrar o Cristo, Bíblia na mão e cruz no peito, e nem se cumprimentam. Suas igrejas ficam a 150 metros uma da outra e nem o nome do outro eles sabem.

Que pena que teus pregadores vão visitar seus doentes, os dois se cruzam nos corredores e alguns não dizem nem bom-dia. Que pena que na emissora daquela igreja está proibido dar notícias positivas das outras. As negativas, sim! Que pena que nos seus programas só podem cantar ou vencer cantores de suas igrejas. Os outros, que toquem e cantem seus cantos lá no outro canto!

Que pena que gente que se proclama convertida e iluminada, e porta-voz do céu para os últimos tempos, não seja capaz de elogiar os outros. Que pena!

Teimosos e ansiosos pela vitória de nossas igrejas-redoma, temos nossa cabeça e nosso cérebro fechados para os outros. Concede-nos a graça de sermos mais do que meios-irmãos.

Se tivermos diferenças, tenhamos a coragem de conversar sobre elas, de olhos abertos. Naquilo em que estivermos unidos e que for comum, trabalharmos juntos.

É doloroso demais quando uma igreja cai na mão de pregadores deslumbrados. Fazemos nossas igrejas errarem, quando não somos capazes, nem uma vez por mês, de nos sentarmos juntos para orar em comum.

Desculpa meu jeito ferido de orar, Jesus, mas imagino que o Senhor sentia o mesmo. Oraste para que fôssemos um. Fizeste a tua parte. Nós não fizemos a nossa!

Perdoa-me se eu orar errado!

Oro sem saber orar. Falo contigo, a quem eu nunca vi e cuja voz jamais ouvi e cuja presença às vezes não sinto. A ti, Pai do céu, eu falo da minha vontade de aprender a orar. Admito que nem sempre sei o que dizer, nem como dizer o que sinto. Meus diálogos contigo padecem do meu limite de não saber conversar com alguém que nunca vi.

Assim sendo, perdoa-me, se eu orar errado; se disser coisas que não correspondem aos fatos, ou se me referir a ti de maneira inconveniente. Acontece que não sei como és, não conheço o som da tua voz e vivo da fé que recebi dos meus antepassados, fé que a Igreja me oferece. Não sei crer sozinho. Preciso de outros para desenvolver e expressar a minha fé. Mas os outros também não sabem tudo. Então, cremos e oramos como sabemos e dentro dos nossos limites.

Meu primeiro pedido é este: que me ensines a orar. Ainda não sei me dirigir a ti. Mentiria se dissesse que sei.

Que minha prece não seja vaidosa

Já tive e vejo que ainda me assalta esta mania de achar que te conheço, Pai, e que sou mais religioso do que os outros. Seria tolo se dissesse que sou mais religioso que os demais que oram na minha e nas outras igrejas. Não sou e não sei. Talvez saiba um pouco mais do que alguns, mas o que sei não me autoriza a dizer que oro direito.

De vez em quando, sofro da tentação de achar que me escolheste mais que aos outros; que te conheço mais que os outros te conhecem. Afinal, estudei mais que eles... Ledo engano. Há irmãos que estudaram pouco e oravam e oram melhor que eu. Minha mãe e meu pai, por exemplo...

Por isso, prossigo pedindo a humildade de entender que sou como casa cheia de cortinas. Às vezes deixo a luz entrar; às vezes me fecho e me escureço.

Imagino que há outras casas de cortina que se abram mais. Por isso não julgarei ninguém. É possível que o jeito deles seja mais certo que o meu. É possível que o meu seja mais certo que o deles, mas isso só tu podes julgar. Da minha parte, orarei sem estabelecer comparações. Se discordar do jeito do meu irmão orar, terei que engolir essa discordância, porque não sei se as minhas orações chegam a ti com a mesma intensidade das preces dele.

O que sei é que ele precisa orar e ora e eu preciso orar e oro, menos do que poderia e menos do que deveria. O que eu sei é que nem sempre as nossas orações concordam, tampouco o nosso

jeito de encarar a vida; mas nunca direi que sou mais santo do que ele ou que ele é menos teu do que eu. Falarei com santa correção fraterna do porquê da minha divergência, mas julgar, não julgarei.

Orarei por ele que não ora como eu, e espero que ele ore por mim que não oro como ele. Afinal, somos crentes e acreditamos que no teu colo cabem filhos que pensam, sonham, choram e oram de um jeito diferente, desde que admitam que precisam partilhar o colo do mesmo Pai.

Leva-me a conviver

Ainda não aprendi a conviver com irmãos e irmãs que não pensam como eu penso, não pregam como eu prego e não oram como eu oro. Ainda não sou suficientemente cristão, por isso mesmo suficientemente ecumênico. Cristãos de verdade são fraternos e ecumênicos e, embora discordem do modo de crer e afirmar a fé, percebem tua luz nas outras igrejas. Não se acham os únicos eleitos. Ainda sofro da tentação de achar que sou mais cristão do que eles; que eles precisam mudar e eu não! Preciso aprender urgentemente a praticar este exercício de humildade.

Há santos fora da minha casa, santos em outros grupos da minha igreja, santos em outras religiões, santos que tu fizeste, porque são teus santos e não nossos. Não fomos nós que os fizemos santos, nem nosso maravilhoso movimento ou nossa querida comunidade. Foste tu, com a anuência e a concordância deles.

Concede-me, pois, a graça de tentar, nos anos de vida que me restam, ser um santo a teu modo, não ao meu; um santo que não entra em competição. Direi sempre o que penso, mas quero dizê-lo sem perder o respeito pelos irmãos de quem eventualmente eu discordo. Que meus irmãos sejam santos e consagrados do jeito deles. Eu tentarei ser santo do teu e do meu jeito. Se discordar deles, quero discordar com amor e sinceridade, de tal maneira que eles percebam que eu os amo.

Para que serve um santo, se ele não se pauta pela verdade? Para que serve um santo, se não admira o que é bom da parte dos outros? Para que um santo que não discorda com sinceridade?

Ajuda-me a não brigar pelo teu colo e a não achar que estou mais nele do que os outros. Que eu me contente com o pedacinho que tenho, que já é grande e que basta para as minhas pretensões de, um dia, encontrar-te e viver ao teu lado por toda a eternidade. Merecer, eu não mereço, mas espero estar em ti para sempre, porque sei que dás tua misericórdia.

Não ensinam como eu ensino

Sei que há milhões de católicos que não pensam como eu penso, não oram como eu oro, não leram os livros que eu li, não estudaram com os mestres com quem eu estudei, não receberam as mesmas informações que eu e, portanto, estão vivendo a fé do jeito que aprenderam, confiados nos pregadores que ouviram e cuja pregação os encantou. Usam mais do critério simpatia que do critério verdade. Eu também já fiz isso antes de ter aprendido a ler os livros dos mais diversos teólogos, a história das igrejas e as palavras dos papas.

Nem todo santo era bem versado em doutrina católica. Mesmo colocados como exemplo de vida, disseram coisas que a Igreja mais tarde corrigiu. Bons filhos às vezes dizem coisas imprecisas e até erradas sobre os seus pais. Informação e noção errada, mas amor correto... Sei dos santos que te amavam, mas chegaram a dizer que a mulher é inferior ao homem e que crianças que morrem sem o batismo não entram no céu. Mas eram santos. Santo não é quem sabe tudo e acerta em tudo, mas alguém que se perceber seu erro corrige sua fala e suas atitudes.

Sei que há milhões de católicos que não se expressam do jeito que eu me expresso, não sentem a política do jeito que eu sinto, não veem a vida do jeito que eu a vejo. Sua noção de pecado é diferente. Culpa, graça, anjos, santos, recompensa, punição, paraíso, tudo para eles é diferente. Depende dos pregadores que ouviram e dos enfoques e das ênfases que lhes foram dadas.

Uma coisa é ler a Bíblia e livros de testemunho e oração; outra é seguir um pregador que nos diz que ele sabe o caminho. Muitos dos que te anunciam costumam ciumentamente se anunciar, puxar os fiéis para o seu lado, mais do que para ti. São

humanos. Teu filho falou dos que gostam muito de ser ouvidos, procurados e seguidos. Acentuam-se demais. Sabem que o fazem, mas não resistem ao poder do incenso que se eleva até eles. Que eu esteja sempre atento, face a esse risco!

Terei de ouvir esses irmãos que aprenderam diferente por terem ouvido mais aos pregadores sem muito estudo que aos teólogos com décadas de estudo da tua Palavra. Terei de conviver com eles e respeitar o seu jeito, ainda que deles discordando em muitos aspectos. Se puder dizer, direi; se não quiserem me ouvir, não insistirei; se disserem que estou errado, que sou eu quem se desviou, ouvirei. Mas de novo, Senhor, eles não leram as mesmas coisas que eu li e não estudaram os mesmos documentos que estudei. Se estudaram a mesma Bíblia, os mesmos catecismos, os mesmos livros de teologia, saímos com interpretação diferente.

Por isso, Senhor, ensina-me a amá-los. Se eles não conseguirem me amar, desde já estão perdoados; se não me acharem católico como eles, desde já eu os perdoo. Vejo-os como filhos sinceros teus. Se não veem a mesma coisa em mim, não me compete julgá-los. Tu sabes, tu vês e conheces os corações. Então já sabes o que eu sinto por eles. É afeto de irmão mais velho que sabe coisas que eles não sabem, embora eles digam que sabem coisas que eu não sei; o que também é verdade.

Louvo-te por eles, mesmo discordando de algumas pregações que deles ouço. Não combinam com o catecismo da nossa Igreja, o que me faz duvidar que o tenham lido. Espero que eles também te louvem por mim, mesmo discordando de algumas coisas que eu digo. Santo não tem que concordar em tudo, tem que amar. Pecadores, mais ainda, porque estão mais em dívida contigo!

Não sei louvar direito

Seria bom louvar-te, exaltar-te e glorificar-te do jeito que mereces, mas sei que nunca poderei fazer isso, por causa dos meus limites, que são inúmeros. Então, permita-me, Senhor, louvar-te, exaltar-te do jeito que eu sei e do jeito que posso, que é sempre um jeito pequeno. Mas quero cantar, pregar e escrever sobre as tuas maravilhas sem exagerar, sem falar demais de mim, lembrando-me do quanto és maravilhoso nos teus verdadeiros santos.

Como eu ainda não sou um teu santo verdadeiro e dificilmente creio que a Igreja um dia me declarará modelo de santidade por causa dos meus inúmeros defeitos e pecados, eu fico com os santos que de fato são e foram verdadeiros e que servem como modelo de vida para os outros cristãos. Louvo-te por eles.

Louvo-te por Helder, pelas Teresas santas, por Dulce, por Luciano, por Luiz, Vicente, Camilo, João Paulo, João, Antônio, Aloísio, Paulo, Francisco e Clara, e milhares de outros que viveram com, pelo e para os outros, e o tempo todo voltados para a tua luz e para o teu colo.

Sinto não ter chegado, na minha idade, ao grau de santidade que eles chegaram, muitos deles bem antes de mim. Mas sou encantado com os teus santos e com os que souberam dizer sim à tua graça.

Espero que eles me acolham no céu, apesar de todos os meus limites e da minha incapacidade de ser como eles foram, mas quero ser teu e quero encontrá-los lá e, para isso, conto com a tua graça e, certamente, com a intercessão deles.

Não serei nunca um santo modelo, mas gostaria de ser um santo ou alguém que se esforçou para ajudar os outros e, quando errou, pediu perdão e tentou se corrigir. Isso, tu sabes. Não importa se o mundo não sabe, tu vês, tu sabes, tu conheces a minha vontade de acertar e tu sabes do esforço que fiz para reparar meus erros, todas as vezes que errei. E é por isso que confio na tua misericórdia.

Penitente e sereno

Passarei a minha vida como penitente, a pedir perdão pelos meus pecados, de manhã, de tarde e de noite, mas passarei o resto da minha vida tentando não viver de remorso, porque confio na tua misericórdia.

Quero viver de pedir e dar perdão e de confiar que serei perdoado. Quero viver como quem sabe que a tua compaixão é infinita porque és rico em misericórdia (Ef 2,4). Não quero sentir-me mais culpado do que sou, nem menos culpado do que tenho sido. Quero assumir com realismo minha culpa, mas também as virtudes e os valores que são dons que me deste e pelos quais sou e devo ser grato.

Fizeste a tua parte

Fizeste sempre a tua parte.
Fui eu que não fiz a minha.
Deste-me a luz e a graça para eu ser pessoa plena.
Fui eu que não abri a cortina.
Deste-me o tempo todo a chance de escolher.
Fui eu que não te escolhi
e muitas vezes optei por mim mesmo,
porque era mais fácil, mais agradável,
e parecia mais vantajoso.

Por isso, Senhor, admito que pequei.
Foi minha culpa, tão somente a minha culpa.
Não tenho como acusar os outros,
nem os que me levaram ao erro e a ciladas.
Eu quis. Mas se tive liberdade para querer pecar,
quero ter a liberdade de querer me arrepender,
não por medo, mas por amor.

Quero ser teu porque me amas
e não porque poderias castigar-me.
Quero ser teu porque me queres no céu
e não por medo de passar a eternidade longe de ti.

Quero amar-te por amor e não por dever ou por medo.
Quero amar-te encantado com o ser que és.
Concede-me esta graça!

Não sou quem deveria ser

És aquele que é. És quem és. Eu deveria ser quem sou, mas nem sempre o sou. Não sou quem deveria ser. Não vivo plenamente a minha identidade. Deve ter sido isso que teu filho Jesus quis ensinar quando nos propões que fôssemos perfeitos como tu és! (Mt 5,48). Não tanto quanto, mas dentro do limite humano, em plenitude humana; como o copo de água fica pleno, embora nele caiba menos água que no barril.

Muitas vezes traí a mim mesmo, busquei ressaltar demais o meu eu, traí o teu projeto. Projetei-me demais. Aceitei ser tratado como um santo que não sou. Aceitei aplausos imerecidos sem ao menos lembrar que outros mereceriam mais. Poderia ser melhor do que fui, ter feito melhor do que fiz e sido mais completo do que fui.

Poderia ter ouvido e não ouvi; ter amado e não amei; ter perdoado e não perdoei; ter doado e não doei. Poderia ter partilhado e não partilhei. Poderia ter compreendido e não compreendi. Nessas horas não fui quem deveria ter sido. Continuo não sendo quem deveria ser. Concede-me a graça de um dia poder dizer que sou quem sou, porque, por enquanto, ainda ajo como quem é menos ou mais do que é.

Não sei amar direito

Perdoa-me, Senhor! Não sei amar direito. Acho que nunca saberei.

Amo um pouco pessoas que eu não conheço; amo muito algumas pessoas que conheço; amo mais ou menos a maioria dos que conheço e chego a não amar algumas pessoas que me fizeram e ainda querem o meu mal, apesar de todo o bem que eu lhes fiz.

Ainda não sei perdoar totalmente, amar sem retribuição, amar por amar. Ainda espero gratidão, retribuição e recompensa. Por isso, meu Senhor, estou pedindo a graça de amar sem reservas. Por mim mesmo não sou capaz desse amor.

Mas tua graça pode tornar-me tão santificado que eu possa até retribuir com amor àqueles que não me amam. Sei que ainda não sei amar. Mas tu que és amor ensina-me essa parte da vida; eu ainda não a assimilei.

Foi para isso que eu vim ao mundo, mas ainda não consegui realizar este desígnio. Amo pouco, seletiva e calculadamente. Ensina-me o verdadeiro jeito, o teu jeito!

Que eu entenda os teus sinais

Que falas comigo, eu sei! Que me mandas sinais, eu sei. Eu só não sei ouvir a tua voz, nem ter certeza de que é ela a me falar. Tua voz ainda não soa aos meus ouvidos e eu não sou muito bom em distinguir vozes interiores, nem saber se vem do Senhor ou da minha própria imaginação. A imaginação já enganou a muitos crentes que apostaram que era tua voz e não era.

Mas que me dás sinais, eu sei que dás. Sou eu que, às vezes, não sei decifrá-los. Que te comunicas é certo. O problema sou eu, que nem sempre capto. Se posso pedir – e sei que posso –, a graça que eu peço é que me ensines a ler os teus sinais e a ouvir as tuas vozes, as verdadeiras. Quero saber distinguir as vozes falsas que, na verdade, são desejos meus, disfarçados em revelação.

Ensina-me a distinguir as vozes que me falam ao coração. Eu ainda não sei o que é teu e o que não é; o que é meu e o que não é. Eu ainda gostaria que me respondesses do jeito que eu imagino que responderias. Mas a realidade é outra: és livre. Ensina-me a ouvir o que tens a me falar e não a imaginar que disseste o que eu gostaria que me tivesses dito.

Os teus recados

Sei de muitos pregadores que se enganaram a respeito de si mesmos e a teu respeito. Acharam que lhes davas um recado especial e se apressaram a proclamá-lo na mídia. Deus curaria aquela criança por quem oravam. Deus curaria aquela senhora por quem o povo intercedia. Diante de milhões de fiéis passaram como profetas e videntes. Foram reverenciados e aplaudidos, mas o que profetizavam não aconteceu. Ao pedido de desculpas e de retratação humilde, preferiram o silêncio. Com isso, tornaram-se charlatões. Para o povo, eles ainda parecem piedosos, santos e profetas, mas quem conhece a tua palavra sabe que eles a usaram para promover-se aos olhos da multidão. O púlpito carrega este perigo, em todas as igrejas.

Não eras tu. Não estavas a falar. Através da história houve muitos videntes que viram o que queriam ver e não o que existia. Houve muito mais videntes do que aparições ou mensagens.

Por isso, Deus nosso, põe prudência e juízo no meu coração, para que eu não invente visões que não existiram ou mensagens que não me foram dadas. Sei que não sou um bom profeta, mas se devo ser um, dá-me a graça de não inventar curas, recados, mensagens e visões. Dá-me o dom de distinguir o que é e o que não é. Se eu errar, concede-me a graça de ser suficientemente humilde para admitir meu erro. Caso contrário, aí mesmo é que não serei um profeta. Verdadeiros profetas não mentem nem a si mesmos, nem a ti e nem ao povo. E não fazem qualquer coisa para ganhar mais uma salva de palmas...

Profetas demais

O nosso, Senhor, é um mundo repleto de profetas. Estão nos templos, nas ruas, nas emissoras de rádio e de televisão, nos encontros, nos estádios, nos salões, em toda a parte. E o que fazem? Garantem milagres, mensagens, visões e até dão lugar, data e hora do milagre que acontecerá.

Falam em teu nome; dizem que estás mandando dizer aquilo que dizem. Garantem que são teus intérpretes. O nosso é um mundo com milhões de profetas. É que, nesses tempos de mídia forte e de intenso marketing religioso, profetas aparecem, ganham status, são vistos como alguém que fala contigo e que têm um contato íntimo com o céu.

São vistos como pessoas que sabem tudo o que está na Bíblia e entendem do presente, do passado e do futuro. São os novos Elias, Jeremias e Moisés. Multidões passam horas a ouvi-los. Eletrizam o povo. Alguns realmente o são. Suas vidas simples e bonitas traduzem isso. Mas muitos abusam do status mesmo sem ter a estatura de um profeta.

Dá-me, se posso pedir mais uma graça, a graça de nunca, jamais, cair nessa tentação na qual caiu Salomão que se promoveu como o mais sábio, o maior, e até garantiu te haver visto duas vezes. Se eu for profeta, que nem perceba que fui, e se tiver que ser, que eu saiba ser com humildade de pequeno profeta que sabe admitir que há outros bem maiores no mesmo vídeo e no mesmo canal...

O mundo está cheio de profetas. O tempo dirá se o são de fato. Pelo que tenho visto e ouvido, a maioria gostaria de ser, mas não é. Bons profetas não mentem. Mas eles enganam e mentem,

e o que é pior: sabem que estão enganando e mentindo. Liberta-nos, Senhor, dos que dizem que tens um recado especial dado por meio deles. Se isso não for possível, dá-nos ao menos a graça de saber quem é e quem não é. É triste seguir quem diz que sabe, mas não sabe nem sequer de onde veio, quanto mais para onde vai. Livra teu povo desses vaidosos filhos de Ceva e Simões Magos do nosso tempo.

Divididos em feudos

Sinto muito, Senhor, mas é o que penso. Tua igreja está dividida em feudos. São castelos fortes e redomas de vidro e de fé onde se entra com facilidade, mas de onde é difícil sair. E quem sai, sai sentindo-se culpado, expulso, excomungado. São, também, feudos onde só entram os escolhidos pela direção desses castelos fortes da fé e onde os de fora, os que pensam diferente e que são tão cristãos quanto eles, mas tem outro jeito de ver a vida, não são bem-vindos, não correspondem ao pensamento de quem ergueu aquele castelo ou construiu aquela redoma.

Sinto muito, Senhor, mas as seitas voltaram. Tua igreja está dividida em feudos, redomas, castelos. Abençoa os que conseguem ser cristãos de portões abertos, diastólicos, e não sistólicos. Gostaria de ser um desses.

Sem barganhas

Confio em ti, Senhor, preciso da tua graça e do teu milagre, e por isso não sabendo orar direito invoco a intercessão dos teus santos daqui e de lá. Orando comigo ou por mim, certamente me ajudarão a chegar mais perto de ti, como eles chegaram.

Mas, Senhor, ensina-me a não barganhar contigo nem com eles. Ensina-me a te pedir, deixando que tu decidas se me concedes ou não essa graça. Não quero ganhar nada em troca de promessas, porque talvez eu não as cumpra. Não desejo transformar o nosso relacionamento num "toma lá, dá cá". És misericordioso, bom o suficiente para dares ou não dares, e eu quero ser generoso e bom o suficiente para aceitar não ganhar. Mas não quero fazer barganhas, não quero promessas tipo "se me deres tal graça, eis o que te dou em troca".

Quero tua graça, mas não imponho condições e também não prometo pagar por elas. Sou pobre demais para achar que graça se paga com dez ou mil preces ou com cestas básicas. Não será pagamento. Será gratidão. Cumprirei minhas eventuais promessas sem achar que foi empréstimo no banco de dons.

Tentarei ser melhor que sou hoje, mas não como barganha. Não creio que desejes barganhas. Nem precisas delas. O que posso prometer e prometo é que tentarei ser pessoa melhor, fazendo o máximo de mim para retribuir ao bem que me fizeste, mas não estabelecerei um preço ao nosso diálogo. Não é certo, não é isso que queres, e eu provavelmente acabaria não conseguindo cumprir.

Basta-me que eu te seja grato, e, se o for, provavelmente saberei fazer o bem em troca do bem que me fizeste. Tu me dirás o bem que deverei fazer, mas promessas em forma de barganha, não! Não farei preces me dá que te dou! Confio na tua misericórdia e sei que ensinarás a retribuir os teus favores, porque tua misericórdia é grande até para me ensinar os meus hinos de gratidão.

Tu podes o que eu não posso

Continuo a ver as dores do mundo e a prometer, e nem sempre orar como prometi. Por alguns que me pediram preces, eu até fiz alguma coisa e consegui algumas respostas; por outros e para outros não soube fazer e não soube encontrar nenhuma solução...

Dói-me ver a menina drogada a destruir sua vida jovem e a caminhar para a morte; sinto pena daquele rapaz viciado e no caminho da criminalidade, não há nada que o tire de lá. A palavra "Deus" o incomoda.

Preocupa-me a menina que já está com o segundo filho e no quarto namorado. Não sabe com quantos homens já dormiu. Dói-me ver aqueles que se autodestroem na bebida, no cigarro, e perderam a perspectiva de viver.

Por isso e por muitas outras razões, o que eu te peço, no meio de todas as dores do mundo, é que me ajudes a encontrar luzes e palavras que possam ao menos amenizá-las.

Se não sei ajudar materialmente ou se não tenho condições, que não me falte ao menos uma prece ou palavra de consolo. Creio, o caminho existe. Eu é que nem sempre o trilho.

Oro sem saber orar. O resto, Senhor, tu sabes porque sim e porque não. E oro exatamente por não saber estes porquês.

A mim, basta-me o que já disseste

Quem ouviu os discursos de Hitler sabia que, mais cedo ou mais tarde, ele começaria algum conflito armado. Ele queria o confronto. E falava com raiva contra quem não concordava com ele. Quem ouviu o Chaves na Venezuela sabia que, mais cedo ou mais tarde, com os seus petrodólares, ele armaria algum conflito. Ele vivia de provocar. O discurso de quem se defende atacando é sempre fatal. Alguém vai morrer por causa daquela fala.

Por isso esta prece, num doloroso anoitecer, após ouvir uma pregação de líder de seita, garantindo que seu grupo é um grupo pequeno, mas vencedor, e que os gigantes cairão aos pés da sua igreja, hoje pequena, mas já poderosa.

Olho para os púlpitos do mundo e digo a mim mesmo: *Foi dali que, na sua maioria, vieram os acertos, mas também os desvios, as brigas, as ilusões, as mentiras, as milhares de igrejas e religiões. Alguém pregou o que achava ser verdade mais verdadeira e alguém o seguiu...*

Através da história, milhares, talvez milhões, de fiéis afirmaram ter ouvido a tua voz. Alguns garantiram ter visto a tua face. Terias aparecido a eles. Abraão em Gn 18,1-3 teria te visto e eras três homens, e ele falou-te no singular. A Moisés, disseste que o homem não pode ver-te e sobreviver (Êx 33,20). Mas Salomão disse que te viu duas vezes. Não lhe serviu para crescer, porque morreu adorando os deuses de suas muitas mulheres. Mas Salomão não merece

crédito, porque, embora culto e inteligente, era narcisista, louco por fama, poder e riqueza, coisas que não combinam com quem te viu. Mesmo tendo te visto, ele ainda foi capaz de erguer para si um palácio mais rico e maior que a casa que erguera para ti. Então ele não deve ter visto a tua face...

João diz que ninguém jamais te viu (1Jo 4,12). A maioria dos que te viram ou ouviram estava enganada. Viram quem não lhes apareceu e ouviram quem não lhes falou.

Posso e quero aceitar que alguns humanos chegaram mais perto do teu mistério. Imagino que muitos tiveram uma experiência acima do comum. Suas vidas o provam. Nunca perderam a lucidez, nem a serenidade. Tornaram-se mais humanos, mais abertos ao diálogo e mais completos, coisa incomum entre os humanos. Merecem crédito, porque suas vidas atestam que não mentiram, não se enganaram e não quiseram ser o que não eram, nem enganaram quem quer que fosse. Não se arvoraram em porta-vozes teus e, quando os elegeste, não montaram esquemas nem fizeram marketing desse chamado. Começaram humildes e terminaram humildes. Penso em Francisco, Vicente de Paulo e centenas de santos videntes ou mergulhados em ti. Nunca perderam a simplicidade.

Devem ter visto ou ouvido algo indescritível em termos humanos. É o que diz Paulo em duas de suas epístolas, 1Cor 2,9-10 e 2Cor 12,2-3.

"Mas, como está escrito: As coisas que o olho não viu e o ouvido não ouviu, e não subiram ao coração do homem, são as que Deus preparou para os que o amam. Mas Deus no-las revelou pelo seu Espírito; porque o Espírito penetra todas as coisas, ainda as profundezas de Deus" (1Cor 2,9-10).

Mais adiante Paulo alerta para a mística de quem te viu ou chegou mais perto do teu mistério:

"Em verdade não convém gloriar-me; mas falarei das visões e revelações do Senhor... Se quisesse gloriar-me, não seria um tolo, porque estaria dizendo a verdade; mas deixo isto de lado, para que ninguém me imagine mais do que aquilo que vê em mim ou de mim ouve.

Para que não me exaltasse pela grandeza e conteúdo das revelações que me foram feitas, foi-me dado junto um espinho na carne, na verdade, um mensageiro de Satanás a me esbofetear; assim eu não me exaltaria. Acerca dessa provação, três vezes orei ao Senhor, para que me poupasse daquilo. E Ele me disse: 'A minha graça te basta, porque o meu poder se aperfeiçoa na fraqueza'. Sobre isso falo tranquilamente. Exaltarei as minhas fraquezas, e não os meus privilégios, para que em mim habite o poder de Cristo" (2Cor 12,1-9).

Sei do que a fé é capaz, tanto a fé profunda e serena como a fé obcecada de quem quer te ouvir e ver a todo custo. Sei também do que é capaz a imaginação, que não poucas vezes se disfarça de fé. Alguém quer ser profeta e subir na vida e proclamar o que não lhe competia proclamar (Jr 14,14). Mas ser vidente e profeta dá autoridade. As pessoas ouvem mais e obedecem sem nenhum questionamento aquele que afirma falar em teu nome.

Profetas apressados e obcecados imaginam que lhes falarás, depois imaginam que lhes falaste e em pouco tempo garantem que lhes falaste. Imaginam que te verão, imaginam que te viram e, em pouco tempo, garantem que lhes apareceste. Imaginam mensagens e as proclamam minutos depois, sem sequer terem

a humildade de submetê-las à análise de alguma autoridade ou algum irmão mais vivido e mais lúcido. Talvez por medo de ouvirem o que não querem ouvir... Então proclamam, sem pedir o discernimento das autoridades de sua Igreja. Porque precisariam do discernimento das autoridades, se imaginam que a maior autoridade lhes apareceu e mandou anunciar? Acontece que milhares que assim agiram estavam imbuídos de orgulho tolo por se acharem mais de Deus que os demais mortais. A maioria enganou-se.

Concede-me, a mim, pregador dos teus mistérios por envio, apoio e bênção da tua Igreja, a graça de não proclamar nada apressadamente, nem por vaidade, e a de saber o que é imaginação minha e o que é realidade do teu povo. Quero ser como Paulo que humildemente não sabia se tinha tido ou não uma visão e disso não queria fazer marketing. Quero e suplico a graça de fazer parte dos fiéis honestos que não usam nem teu nome, nem visões, nem aparições e revelações em vão. Já seria muito se conseguisse anunciar sem desvios e personalismos a Bíblia e o Catecismo!

Deslumbramentos e vislumbres

Ouve-me, Senhor. Sonho proclamar-te sem cair em deslumbramentos. Não quero jamais esquecer, nem por um segundo, que não vi, não vejo e não verei tudo a teu respeito. Sei que existes, mas não sei quem é nem como és. És mais que imagino e mais que sei.

Sou e serei de ti eterno aprendiz, aluno que quase nada sabe. Marcas presença, mas continuas misterioso, indizível, inefável e inenarrável. Há muito mais de ti que toda a sabedoria humana poderia apreender. Por mais que eu soubesse, quase nada eu saberia a teu respeito. Eu seria Deus se soubesse como és, eu que mal consigo saber como ages em mim...

Nunca direi, como dizem tantos pregadores, que basta orar com fé que atendes a qualquer prece e a qualquer suplicante, porque és misericordioso. Penso que, exatamente por seres misericordioso, é que não nos darás tudo do jeito que pedimos. Crianças pedem coisas erradas, que os pais, por misericórdia, não concedem.

Entendo que poderás nos dar ou darás tudo o que pedirmos, mas não sei quando, nem está dito que é na hora e do jeito que pedirmos... (Lc 11,9ss.). És livre. Não sabes não amar, mas atenderás apenas se quiseres. Mesmo atendendo, nem sempre nos atenderás do nosso jeito. Sabes do que realmente precisamos e nos darás o que nos convém, e não o que achamos que nos convém.

Entrego-me ao teu mistério e à tua misericórdia, e peço, isto sim, que me ensines a confiar em ti, como criança que se joga no colo da mãe ou como adulto que se percebe profundamente amado.

Viverei de vislumbres. Ver-te, eu sei que não verei com os olhos da carne. Eles terão que morrer para que eu possa ver-te como és. Também não vejo a eletricidade, nem as ondas de rádio e nem por isso deixo de saber que elas me cercam e até me invadem. Dia após dia, vejo suas consequências.

Eu mesmo sou consequência tua. Morrerei cercado dos teus sinais, mas ver-te, não verei! Teus sinais me falarão de ti!

Graça admirável

Graça impressionante foi a graça que me deste.

Eu tão pecador, tão cheio de defeitos e de trevas, e tu tão cheio de luz, tão cheio de perdão para dar.

Impressionante a graça que me deste.

Eu nem merecia e nem pedir eu tinha pedido, mas tu a deste.

E foi tão bom, tão bom receber a tua graça, que hoje eu olho para trás e vejo que feliz que eu fui, que feliz que eu sou por ter recebido da parte do meu bom Deus o carinho que recebi desde a minha infância até hoje.

Que feliz que eu sou por ter podido receber os seus sinais e a sua palavra.

Que feliz que eu sou por ter tido a chance de me arrepender e, cada dia, se possível, tornar-me um pouco menos pecador, porque até o fim da vida isso vai acontecer.

Sou um ser humano e posso sempre falhar, mas a tua graça nunca falha.

Se tua graça me trouxe até aqui, eu sei que ela pode e vai me levar ainda mais longe.

Agradeço-te porque te importas...

Ensina-me a meditar

Que eu saiba meditar, pensar no teu Jesus.
Que eu saiba conversar com teu Jesus e falar do teu Jesus, Pai que me ouves do céu infinito que tu és.

Que eu saiba, todas as vezes que pronunciar o santo nome de Jesus, carregar um respeito profundo na minha boca e jamais brincar com esse santo nome, e jamais usar esse santo nome em vão, como também não quero usar nunca o teu nome em vão.

Por isso, Pai, que eu saiba amar Jesus, e, quando falar desse certo galileu, falar com a ternura de quem o ama. Amém.

Nada para mim

Senhor que tudo podes,
minha oração não é daquele que pede,
embora eu necessite mais do que possa admitir.
Reconheço que sou mendigo que de tudo carece,
mas concede-me a graça de não pedir.

Porque creio que tudo sabes;
porque creio que tudo vês;
porque creio que tudo podes;
e porque creio que me conheces e me amas,
eu sei que, se eu realmente precisar
e se realmente sentires que é bom para mim,
nada, absolutamente, nada me negarás.

Deixa-me, pois,
sem tola vaidade ou pretensão,
repousar na graça de nada pedir para mim.
Quero contentar-me com o que sou e tenho.
E nessa pobreza de quem nada pede,
embora precise muito,
descobrirei o mistério do abandono à tua vontade santa.

Que eu entenda, porém, Senhor meu,
que o meu "não pedir"
será em si mesmo uma oração de quem confia em ti.
E que assim seja!

Adulto que não cresceu!

Eis-me adulto!
Adulto na idade, adulto no chamado, adulto na vocação.
Mas não poucas vezes sinto-me infantil.
E se fosse uma infância espiritual,
como a de tantos santos teus que repousaram confiantes em teu amparo,
ainda seria louvável.

Mas não é!
É infantilidade mesmo, Senhor!

Quero o que sei que não posso querer.
Teimo, sabendo que não devo teimar.
Insisto, sabendo que vai me prejudicar.
Caprichosamente ajo como quem não se importa com as consequências.

E quando as consequências acontecem,
reajo com dor e lágrimas,
perguntando por que me desamparaste.

Cuida de mim, Deus.
Ainda não virei adulto na fé.
Ainda me escolho demais e uso demais a palavra eu!
Eu preciso aprender a mística do nós, Igreja!...
Amém.

Educa-me para a paz

Educa-me para a paz, Senhor.
Educa-me para a paz.
Sou muito mais violento do que gostaria de admitir.
E é nos pequenos gestos que percebo o quanto estou distante da serenidade dos que vivem de fato a paz interior.
Esses dias pisei numa barata e a matei. Logo depois, sem razão alguma, pisei numa formiga que passeava com a folhinha que colhera. Esmaguei-a com prazer.
E foi então que me disse, logo que caí em mim.
– Por que matei? Podem prejudicar minha casa e minha vida se se multiplicam demais, porém, por que o requinte de perversidade? Onde está escrito na lei da natureza que, em caso de autodefesa, devemos agir com perversidade?
É assim sempre, Senhor.
No meu cotidiano percebo que sou violento. Mato com prazer. E não sei se não faria isso com um ser humano meu inimigo. Tenho certeza de que muitos assassinos começaram a não dar valor à vida humana com essas pequenas perversidades do cotidiano.
Educa-me para a paz, Senhor.
Educa-me para a paz.
Ela começa nos pequenos gestos de amor à vida e de respeito a qualquer espécie de vida!

Nota do autor

Este é um dos meus muitos livros vivenciais e catequéticos nascidos de muitos anos de anotações ao longo da jornada, que entrego aos que aceitam e estudam com a minha pregação.

Haverá outros nesta sequência de orar aprendendo o catecismo. Espero que este lhe tenha sido útil.

Eu gostei de escrevê-lo. Mais que isso, gostei de orá-lo, mesmo sendo um dos cristãos que oram sem saber orar.

Deus, na sua misericórdia, vai educando-nos e ensinando a falar com Ele.

Não fosse Ele e seu Filho Jesus Cristo, jamais saberíamos o que é mergulhar no infinito. Talvez não tivéssemos coragem, ou falaríamos a nós mesmos pensando falar com Ele...

Ao fim deste livro, ore por mim que o escrevi. Nós, sacerdotes, precisamos muito de quem ore por nós, para que nós mesmos nunca nos esqueçamos de orar pelo povo!

Pe. Zezinho, scj

Índice

Prefácio 03
Palavra de autor 04
Orar do jeito certo 05
O nome de Deus 07
Quem és para mim 09
Deixar de falar com Deus 11
Admito que não sei orar 14
Cantiga de anoitecer 16
Guardo essas coisas no meu coração 18
São perguntas que me faço 19
Ensinaste-lhes a orar a lei (Êx 20,3-17; Mt 6,9-15) ...20
Tua prece foi completa 21
Molda-me 22
Brigar contigo 24
Por favor, acende a minha luz 26
Não julgar para não ser julgado (Mt 7,1-2) 27
Nem únicos nem perfeitos 29
Governas o universo 31
Relações e reações 33
Criança distraída 34
Finitude 35
Se eu te visse alguma vez (Êx 33,20-23) 36
Do jeito de Moisés 38
Grato pelo teu Santo Livro 39
Desde pequeno 41
Tu, Santo Espírito 42
Divindade Una e Trina 43
Não és o Espírito Santo 44
Descobrir teu Espírito Santo 45

Está doendo aqui dentro, Deus 46
Há coisas que eu não engulo 47
Se eu entendesse a paz 49
Meu coração se zangou 51
O edifício da paz 53
Meu irmão não acredita 54
Não me deixes brincar de Profeta 55
Que eu não me aposse do teu nome 56
Ótimos de marketing 57
Ensina-nos a discernir 58
Um dia desses me libertarei 59
Podes me dar uma chave? 60
Não te vejo, mas creio 61
És único 62
Existes e me amas 63
Ao verdadeiro dono da história 64
Onde está teu Deus? 66
Oração da manhã 68
Oração ao anoitecer 69
Oração de um enfermo 71
Não é tarde, Senhor! 73
Tu nunca me abandonaste! 74
Não iluminas no vazio 76
Para cima e para o lado 78
Perspectiva 80
Puro como a fonte 81
Prece de louvor 83
Consciência embotada 85
Tenho uma sede infinita 87
Contra toda falsidade 88
Quarenta, sete, setenta vezes 90

Cantiga por quem não crê 92
Canção para dormir em paz 94
Canção de solidariedade 96
Mistério 98
Preciso da tua graça 100
Ensina-me a ser teu 102
Ecologia 104
Luz da minha luz 106
Deus dos contemplativos 108
A graça de querer a tua graça 110
Ensina-me a esperar 112
Antes que seja tarde 113
Descansarei meu coração 114
Dá-me a graça de me arrepender 115
Depois da fossa 116
Não te peço o dom das línguas 118
Boa noite, Deus 119
Caridade sem mídia 121
Cuida de mim, ó Maria 122
Pecado e graça 124
Rendição 126
Muda minha vida! 127
Canção ao Deus que me conhece 128
Religião e dinheiro 130
Não foi e não será fácil 133
No mundo sem ser do mundo 134
Amar os inimigos 136
Martírio a longo prazo 138
Um homem limitado 141
Toma conta do meu eu! 144
Eu sou contradição 146

Orar por quem me odeia 148
De perdão eu não entendo 150
Calei-me com tristeza 151
O livro ateu 152
Aniversário 153
Quando a gente te encontra 154
Não és apaixonado 155
A graça de saber precisar 156
Mataram mais um irmão 157
Na luz da tua luz 158
Senhora e Rainha 159
Ladainha de louvor a Maria 161
Águia pequena 163
Oração por meus amigos 164
Eu não sou digno 165
Ensina-me a opinar 166
Ilumina-me 169
Antes do Pai-nosso 170
Sopro santo da paz 171
Dimensões da fé 173
Cantor da fé 174
Olhares 175
Graça sobre graça 176
Me fez feliz 177
Ecumênicos 178
Ensina-me a falar de ti 180
Falo contigo, Francisco 181
Como filho que foi embora 183
Oração pelos ateus 184
Ora por mim, Maria 186
Utopia 187

Orando com os jovens 188
Evangeliza-me, Senhor 189
Conversando com Maria 190
Irmãos separados... 192
Perdoa-me se eu orar errado! 194
Que minha prece não seja vaidosa... 195
Leva-me a conviver 197
Não ensinam como eu ensino... 199
Não sei louvar direito.. 201
Penitente e sereno.. 203
Fizeste a tua parte 204
Não sou quem deveria ser 205
Não sei amar direito... 206
Que eu entenda os teus sinais 207
Os teus recados 208
Profetas demais.. 209
Divididos em feudos 211
Sem barganhas.. 212
Tu podes o que eu não posso 214
A mim, basta-me o que já disseste 215
Deslumbramentos e vislumbres 219
Graça admirável... 221
Ensina-me a meditar 222
Nada para mim 223
Adulto que não cresceu! 224
Educa-me para a paz... 225
Nota do autor 226

A marca FSC® é a garantia de que a madeira utilizada na fabricação do papel deste livro provém de florestas que foram gerenciadas de maneira ambientalmente correta, socialmente justa e economicamente viável.

Este livro foi composto com as famílias tipográficas Chopin Script e Minion Pro e impresso em papel Offset 63g/m² pela **Gráfica Santuário**.